森下えみこの

私の敬語 正しいと思っていたけれど。

日常&マナー編

プロローグ
スマートな敬語を使えるようになりたい！

そして日々生活をしていると仕事のほかに幅広いシーンで敬語が必要になるように
親せきにあいさつ
来客
お茶をだす時
目上の方へのお礼
てみやげを渡す時
でもまぁ
日常使いの敬語…ぐらいなら
なんとなくなんとかなりそうな気が…
明日法事
ところがいざその場になると、
もご もご
えっとこのたびは…
わりとなんとかならなかったり
…
敬語って普段から使い慣れてないといざという場面で使えないのね…
もっと日常でも敬語を使えるようになれたら…
よし次は日常でスマートに敬語を使えるよう勉強します

はじめに

敬語はあなたを上品で優雅な女性にしてくれます

・年上の人に食事会に誘われた
・結婚式に招かれた
・感謝の気持ちをきちんと相手に伝えたい

「しっかりと敬語で話さなければ！」というこんな場面は、突然訪れるものです。

さあ、どうしよう……。

その対策は、敬語の本を読んで使える言い回しを知ることです。敬語の本には「こう言えばいいのか！」という発見があり、とても便利です。

さらに本書なら、漫画でリアルな場面を見ながら、間違った使い方と正しい使い方、その両方を知ることができます。

敬語がスムーズに使えると、あなたに2つの魅力がプラスされます。

・きちんとした印象

・優雅な印象

敬語をさらっと使えたら、仕事でもプライベートでも「しっかりした女性」「知的な人」と思われます。

たとえば「書類、こちらに置かせていただきます」「控室はあちらでございます」と言えたら、上品で優雅な印象です。

そうです。敬語は堅苦しいものではなく、あなたをワンランク上に魅せてくれる魔法の言葉なのです。

本書でスマートな言い回しや、時には間違った敬語を楽しく知り、正しい敬語をマスターしてください。

〝基本は、楽しく！〟

楽しく学べば、必ず自然と習得できますよ。

監修／杉山美奈子

登場人物紹介

［主人公・えみこ］

元デパート販売員。40代になり、年相応な大人の敬語を習得したいと日々勉強中。自分の敬語に自信がない時もあれば、後輩の間違った敬語が気になってしまうこともあるお年頃。

［先輩］

えみこのデパート時代の先輩。新人の頃、仕事はもちろん、言葉遣いやプライベートなどいろいろとアドバイスをくれていた。今でも頼れる先輩。

［先輩ファミリー］

やさしい旦那様とご両親。今回はじめてお会いすることになって、えみこもドキドキ。

［柿崎さん］

えみこのデパート時代の後輩。明るく、張り切り屋さんだが、時々うっかり発言をして周りを凍りつかせることも……。

［加奈ちゃん］

川俣さんの娘さん。まだ学生さんで、敬語は日々勉強中。

［川俣さん］

えみこのデパート時代の大先輩。新人時代から、「こういう時は、なんて言うの？」と本人が考えられるように親切に敬語の指導をしてくれていた。

第2章

第2章　目上の人への敬語

045

第3章

自己主張の敬語

第4章

とっさの時のスマート敬語

099

覚えておくと便利なスマートフレーズ集

「ありがとう」「すみません」などを、
よりスマートに、より大人らしく、
相手に印象付ける言い回しをご紹介します。

1 感謝する

- ありがとう存じます
- 感謝申し上げます
- お礼を申し上げます
- なんと申し上げていいか
- 言葉もございません
- 恐縮でございます

2 謝罪する

- 心から申し訳なく存じます
- お詫びの申し上げようもございません
- 陳謝いたします
- 深く反省しております
- ご不快の念をおかけしました

3 あいさつ

［出会いのあいさつ］

● 今日も素敵なヘアスタイル（ファッション、ネクタイなど）ですね
● はじめてお目にかかります
● いいお天気ですね
● ご無沙汰しております
● お久しぶりです

［憂鬱になりやすい季節のあいさつ］

● 身も心もシャキッとする気候ですね／真冬
● 紫陽花《あじさい》がきれいでしたよ／梅雨時
● 木陰が恋しい気候ですね／真夏
● お肌がしっとりしますね／雨天

［別れのあいさつ］

● （本日は相談にのってくださり）ありがとうございました
● おやすみなさい
● 帰り道お気をつけて
● お会いできてうれしかったです
● 楽しい週末をお過ごしください
● お先に失礼いたします

4
ねぎらう

- 大変でしたね
- お疲れさまでした
- お忙しいところご足労いただきまして
  ありがとうございます
- ○○さんならできると思っていました
- ご苦労も多かったことと拝察いたします

5
あいづち

- その通りですね
- そうなのですね
- とんでもないことです（謙遜）
- それは良かったですね
- ご苦労なさったのですね

6
ほめる

- すごいです！
- さすが○○さん
- 素晴らしいです
- ○○上手ですね（料理上手、教え上手、
  話し上手、聞き上手など）
- 見習いたいです

7
お願いする

- （何卒《なにとぞ》）お願い申し上げます
- ご依頼申し上げます
- お願いできればと存じます
- 切にお願い申し上げる次第です
- 誠に厚かましいお願いですが～
  していただけませんでしょうか

8 上品な「時」の表現

- 今日→本日
- 明日（あした）→明日（みょうにち）
- 昨日（きのう）→昨日（さくじつ）
- さっき→先ほど
- あとで→後《のち》ほど
- 昨日の夜→昨夜（さくや）
- 明日以降→後日（ごじつ）
- もうすぐ→まもなく
- 今→ただ今
- 前に→以前

9 メールを送信する時の書き出し

- はじめまして
- はじめてご連絡いたします。〇〇と申します
- 突然のメールで失礼いたします
- ご無沙汰しております（が、いかがお過ごしでしょうか）
- いつもお心遣いいただき、誠にありがとうございます

10 言いにくいことを言うときの常套句《じょうとうく》

- 大変恐縮ではございますが
- 僭越《せんえつ》ではございますが
- 恐れ多いことですが
- 誤解を恐れず申し上げますが
- 話の腰を折るようで申し訳ないのですが

えみこの敬語あるある

「ご無沙汰しております」
「お久しぶりです」
なんとなくすごい久しぶりだと「ご無沙汰」を使っていた

第1章

冠婚葬祭の敬語

結婚式やお通夜、
お祝い事やお見舞い
さまざまなシーンで大人の対応を！

結婚式でのお祝いの言葉は？

本日はお招きいただきましてありがとうございます
美紀さんとってもキレイでしたねー
あっ「美紀さんとってもキレイでしたね」そのセリフ言おうと思ってたのに
先に言われちゃった
（別に早いもの勝ちではない）
でも私もだてに結婚式の出席、多いわけじゃないの
お祝いの気持ちを
まずはお祝いの言葉
このたびはおめでとうございます
そして自己紹介
森下えみこと申します
美紀さんとは以前、同じ会社で働いておりました
2人をほめる言葉など
美紀さんもとっても幸せそうでご主人もやさしそうな方ですね
お式の成功を讃えるなど
本当にステキなお式でおめでとうございます
娘から森下さんのこと聞いてますよ〜
あら
若い時は「私もあやかりたいです」という言葉もいいですね
年齢にあうあいさつを…
私はもう控えてます…

お祝いの言葉だけでなく、ひと言自己紹介をして会話の糸口に

知人や友人の披露宴やその控室などでは、初対面の人や新郎新婦の親族の方と隣り合わせることがあります。そんな時は、「本日はおめでとうございます」というお祝いの言葉に続けて簡単な自己紹介をすると、相手もあなたの素性がわかり、会話も弾みやすくなります。

○ **「森下えみこと申します。いつもお仕事で●●さんには大変お世話になっております」**

また、控室での会話なら、

○ **「●●さんの花嫁姿、とても楽しみです」**

当日が大安なら、

○ **「本日はお日柄もよく、なによりでございます」**

披露宴中や披露宴後には、

○ **「本当に盛大なお式で……。おめでとうございます」**

など、成功をたたえるのもいいでしょう。

このほか、新郎新婦や式に関する話題などもかまいませんが、「忌《い》み言葉」を使わないように注意。別の言葉に置き換えるようにしましょう。

● お祝いの席での「忌み言葉」

忌み言葉	置き換え言葉
「ナイフで切る」	「ナイフを入れる」
「新たなスタートを切る」	「新たに出発する」
「最後になりますが……」	「結びになりますが……」
「終わる」	「お開きにする」
「帰る」	「中座する」
「去年」	「昨年」
「ますますおキレイに……」	「見るたびおキレイに……」

● これらも「忌み言葉」

破れる、出る、出す、戻る、去る、帰す、返る、飽きる、滅びる、壊れる、とんでもない、たびたび、四（し）、九（く）など、「別れ」「再婚」「死」「苦」を連想させる言葉はNG。

まとめ

忌み言葉に気をつけながら「自己紹介＋ほめる言葉」で祝いの場にふさわしい会話に

結婚式の服装、祝儀袋の書き方

服装

お祝いの席なので、華やかさを演出しつつも、
品のある装いを。招待状に「平服でお越しください」と
書かれていたら、スーツやワンピースの略礼装で。

〔昼〕

ロング丈ではないワンピース、スーツ、アンサンブルなど。布とアクセサリーは光らない素材で、短すぎるスカートや、キャミソールなど肌の露出が多いものは避けます。

〔夜〕

正式にはカクテルドレスで。ロング丈や、ノースリーブなど肌を見せるデザインのワンピースもＯＫ。サテン、ラメなど光る素材で、アクセサリーも貴金属など光るものをまといます。

〔和服〕

訪問着は未婚者、既婚者問わず、着ることができます。未婚者は中振袖か小振袖も可。既婚者で新郎新婦が身内なら留め袖を。

〔NGなアイテム〕

ドレスの色は、「白」は花嫁の色、「黒一色」は喪の印象なので避けましょう。素材では、毛皮や皮、爬虫類素材は殺生のイメージがあるのでNG。麻やコットンは普段着のイメージがするので避けます。

祝儀袋

金額に見合った、簡素すぎない袋を選びましょう。
紙幣は中袋か半紙に包んでから入れます。
ご祝儀の場合、お金は新札を使います。

[表包み・表]

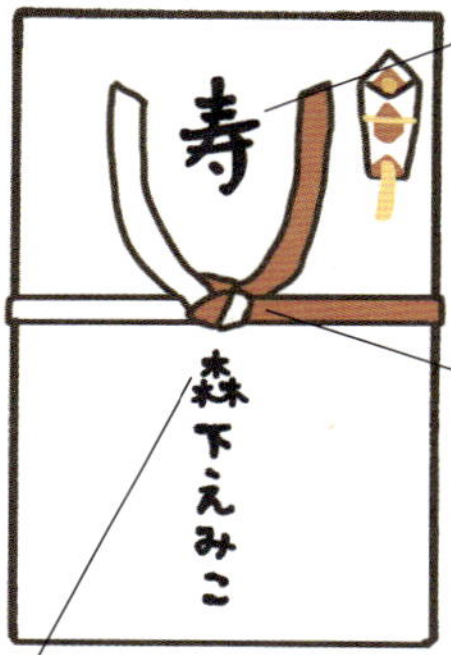

表書きは「御祝」や「御結婚御祝」など。「結婚御祝」（４文字）は避け、すべて毛筆で書きます。

結婚は１度で完結したいので、結び目は「結びきり」で。何度も結べる「蝶結び」はNG。

差出人の名前は水引の下の中央に書きます。

[差出人が２人]

中央に２人の名前を書きます。右側に上位の人の名前を。同列なら五十音順で。

[差出人が３人]

上位の人を一番右側に書き、その左に続く名前を。３人以上は、代表者の名前の隣に「他一同」と書きます。

[表包み・裏]

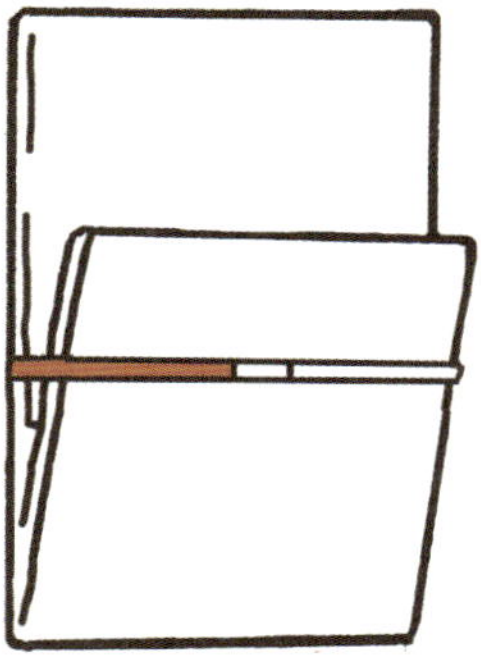

下側を上にかぶせます。逆になると弔事になるので注意。

[中袋・表]

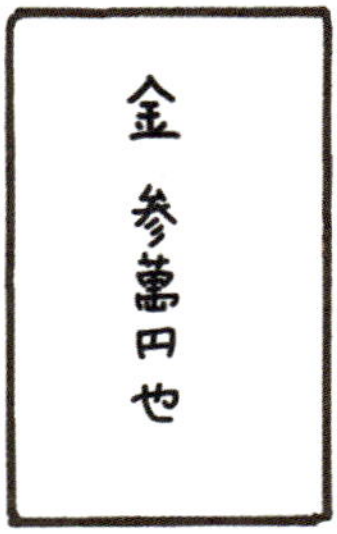

中央に「金○萬円也」と金額を書きます。○に入る数字は、一は「壱」、二は「弐」、三は「参」と旧字体で。

[中袋・裏]

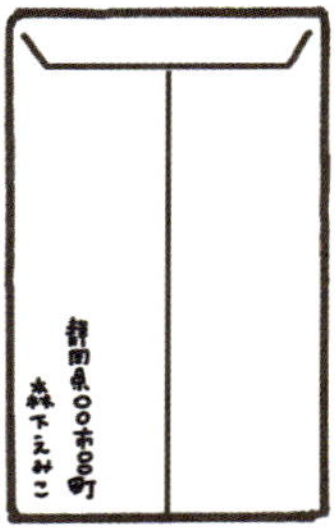

差出人の住所と名前を書きます。

お悔やみの場では、どう伝えればいい？

杏子ちゃん…
このたびは急なことで…心からお悔やみ申し上げます
えみちゃん来てくれてありがとうね
もっとなんか…あっでも次の人が
もっと何か励ます言葉も言ってあげたかったけどなんて言えばよかったのかわかんなかった…
私も…
時間が限られ弔問客の多いお通夜では簡単なあいさつに心を込めて

悲しみの席では、言葉よりも動作で敬意を表して

時間が限られ、弔問客も多い通夜や葬式などの弔事では、多くの言葉を話すより、短いあいさつに心を込めましょう。そして、お参りの作法など、動作などでお悔やみの気持ちを伝えるのがベスト。かける言葉は、

○**「ご愁傷様でございます。何と申し上げてよいのか。心からお悔やみ申し上げます」**

○**「さぞお力お落としのことと存じます。心からお悔やみ申し上げます」**

などが無難です。

闘病中ではなく、急に亡くなった場合は、

○**「このたびは急なことで。心からお悔やみ申し上げます」**

などでもいいでしょう。

時間があれば、

○**「私でお役に立てることがあれば、遠慮なくおっしゃってください」**

と、相手を気遣う言葉をかけます。

✕**「ご存命中はお世話になりました」**

などの生死を直接表す表現や、

✕**「くれぐれもご自愛ください」**

などの重ね言葉は使わないようにします。

●悲しみの席で避けたい「忌み言葉」

忌み言葉	置き換え言葉
死亡	ご逝去（せいきょ）
ご存命中	ご生前
生きている頃	お元気な頃

●このほか、これらも「忌み言葉」

重ねる、かさねがさね、再三、また、たびたび、しばしば、返す返す、「四」「九」など、不幸の連続や悪いことを連想させる言葉はNG。また、キリスト教や神道では「ご愁傷様」「ご冥福」の言葉は使いません。

まとめ

葬儀では言葉少なめに、動作のマナーをしっかりと

葬儀の服装、不祝儀袋の書き方

服装

お通夜は突然の出来事ですが、現代では1～2日くらい日にちが空くことが多いので、なるべく喪服を着用。一着は用意しておきたいものです。

● NGなアイテム

パール入りの化粧、香水、光る布地、ノースリーブ、素足はNG。靴、バッグは、革製や装飾があるもの、エナメル素材、オープントゥやサンダルは避けます。二連、三連の首飾りは、不幸を「重ねる」ことを連想させるので避けます。

長い髪はまとめておきます。

アクセサリーは控えます。ただしパール、オニキス、黒曜石はOK。

お通夜のときは、黒、グレーなどの地味なスーツ、ワンピースでも可。よほど急でなければ喪服で。

スカートは膝がかくれるもの。黒でも柄ストッキングはNG。

バッグや靴は布製の黒一色。

不祝儀袋

表書きなどの様式が宗教によって異なります。できれば宗派を確認しておきましょう。不祝儀の場合、新札は使わないようにします。

［中袋・裏］

金額、住所、名前を書く。表には何も書かない。

［表包み・表］

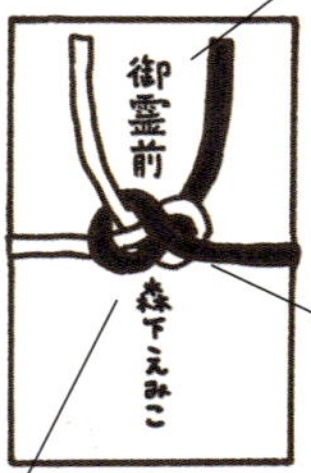

仏式は「御霊前」「御香料」、神式は「御玉串料」、キリスト教式は「御花料」とします。「御霊前」だと、多くの宗旨でOK。ただし、浄土真宗とプロテスタントでは「御霊前」はNG。

黒白の水引で結び目は「結びきり」。

名前は薄墨で。ハスの花が印刷されたものは仏式以外ではNG。

［ふくさに入れて］

不祝儀袋は、バッグに直接入れるのではなく、「ふくさ」に包んで持参するのがマナー。弔事では紫色などのふくさを使用し、左開きになるように包みます。扱いやすい袋状のふくさも市販されています。

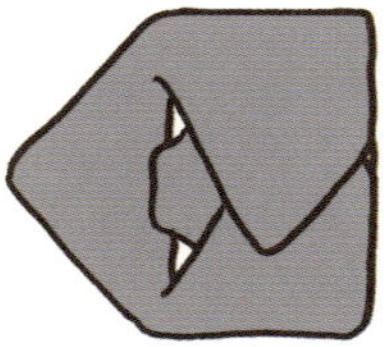

［表包み・裏］

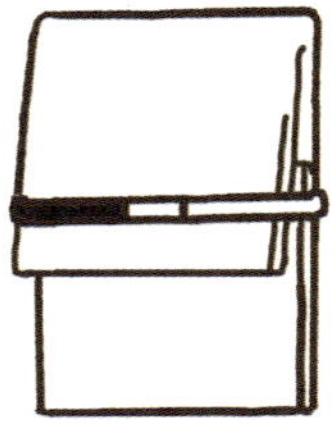

上側を下にかぶせます。

墓参りの手順

お彼岸には家族でお墓参りをするのが一般的。
春分の日と秋分の日、それぞれの前後3日の
各7日間の期間ならいつでもOKです。

［用意するもの］

掃除道具、水桶とひしゃく、マッチ、ろうそく、お供え物（お菓子や飲み物、果物など）、半紙、生花、線香、数珠

手順❶

お墓の掃除をし、手桶にくんだ水をひしゃくで墓石の上からそっとかけます。花立てにも水を注いで水を入れ替えます。

手順❷

花を生け、お供え物は半紙をしいた上に置きます。線香は火をつけて手であおいで炎を消し、線香皿などにお供えします。

手順❸

故人とゆかりの深い人から順に拝みます。拝む時はしゃがんでお墓を見上げる姿勢で。

手順❹

拝み終わったらお供え物は持ち帰りましょう。

目上の人をお祝いする時は、感謝の気持ちを

いつもお若くて私の憧れです
これからもがんばってください！
あ、ありがとね…
柿崎…気持ちはわかるんだけど…
コソ
「がんばって」→激励の言葉
目上の人を激励することはふつうNG
あとは「お若い」も言われてうれしいかどうか人それぞれな言葉かも…
気をつけて
40代
目上の人をお祝いする場合「激励」ではなく「感謝」の気持ちを伝えて
これからもよろしくお願いします
つながり続けることを希望する気持ちを伝えるのが○

目上の人を祝う時は、感謝の気持ちを伝える言葉を

誕生日や記念日、昇進祝いなど、目上の方を祝う際に、「おめでとうございます」のあとについ言ってしまいそうになるのが、

✕ **「これからもがんばってください」**

という言葉。応援する気持ちから言いたくなるのはわかりますが、目下の者が目上の方を激励することは、通常はありません。「頑張れ」などと言うことは不遜《ふそん》（思いあがっていて、へりくだる気持ちがないこと）というものです。

こういう時は「激励」ではなく「感謝」の気持ちを伝え、「今後も指導してほしい」「付き合いを続けてほしい」と、つながり続けることを希望している気持ちを伝えるといいでしょう。

○ **「お誕生日おめでとうございます。いつもお気遣いをいただき、ありがとうございます。これからもお付き合いのほど、よろしくお願いいたします」**

というのが正解。あるいは、

○ **「陰ながら応援させていただきます」**

も使えます。

「がんばって」を敬語にしようとすると

× **「お励みになってください」**

× **「精進なさってください」**

などとなりそうですが、丁寧でも違和感を感じますし、言われてもうれしく感じないことでしょう。

「憧れている」「お手本にしたい」などの気持ちを伝えるのも、ひとつの手です。

○ **「●●さんは私の憧れです」**

○ **「●●さんは私たちの目標です」**

という言葉なら、敬意も伝えられます。

まとめ

感謝に加えて、「憧れていること」や「これからのこと」も伝えると好印象に

お祝いを贈るときのマナー

結婚祝い

披露宴に出席しない時は、式の1週間前までに贈りましょう。

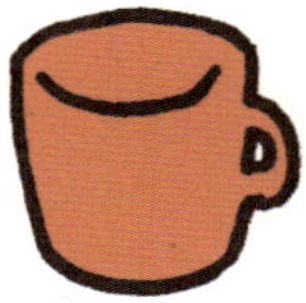

直接持参するのが正式ですが、送るのでもＯＫ。送る場合は手紙も添えましょう。お祝い金を贈る場合は、祝儀袋に入れて、渡すか現金書留で送りましょう（→Ｐ 23）。

●結婚祝いにタブーとされる品

ナイフ、はさみ、包丁、薄いガラスのグラス、偶数の個数のセットもの（２で割り切れる偶数はＮＧ）。ただし１ペアは１組＝１個と数えるのでＯＫ。

●品物で迷ったら…

一般的には便利なキッチン用品やティーカップセット、タオルセットなどが多く選ばれているようですが、いずれも趣味が合わないと使いにくいもの。相手に要望を聞いてみてもいいでしょう。タブーな品物でも、相手がほしがっているなら贈ってもかまいません。

●『内祝い』はお返しのこと？

本来の意味は、人生の節目などのおめでたい出来事を祝って配る品のことで、お祝いをいただいてもいただかなくても配るものでしたが、現代ではお祝いの返礼と考えられていることが多いようです。いただいた金額の⅓～½相当の品を贈るのが目安。結婚内祝いなら、結婚式や披露宴に招待していない人からお祝いをいただいた場合は、１カ月以内に贈ります。結婚式などで引き出物を渡していれば贈らなくてＯＫ。

出産祝い

お七夜（生後7日目）以降～お宮参り（1カ月）くらいまでに贈りましょう。

品物は、生後半年くらいに使える服やスタイ（よだれかけ）、おもちゃなどが多いようですが、親しい間柄ならほしい物を聞くといいでしょう。３～５千円の物を贈るのが一般的。親戚なら３万円くらいまでが相場です。

●お祝い金を贈る場合

祝儀袋に入れます。水引の結び目は、何度もあるとうれしいお祝いごとなので「蝶結び」のものを。表書きには「御祝」「御出産御祝」などと書きます。

新築祝い

新築披露に招待されたら、招待日の前日までの、仏滅以外の日に届くようにします。

会社の事務所、お店を開業した場合も含まれます。贈る品物は、「物がたくさん入る」ことを意味する入れ物や花瓶、「しっかり根付く」という意味の植木、実のなる花木などが○。事務所やお店には、胡蝶蘭や生花アレンジ、観葉植物なども。新生活の始まりを記念して置時計もいいでしょう。

●お祝い金を贈る場合

祝儀袋に入れて贈ります。水引の結び目は「蝶結び」のものを。表書きには「新築御祝」「祝御新築」などと書きます。

●新築祝いにタブーとされる品

お香、キャンドル、ストーブ、灰皿などの火を連想させる物や赤い色の物。

お見舞いは、相手の気持ちを第一優先に

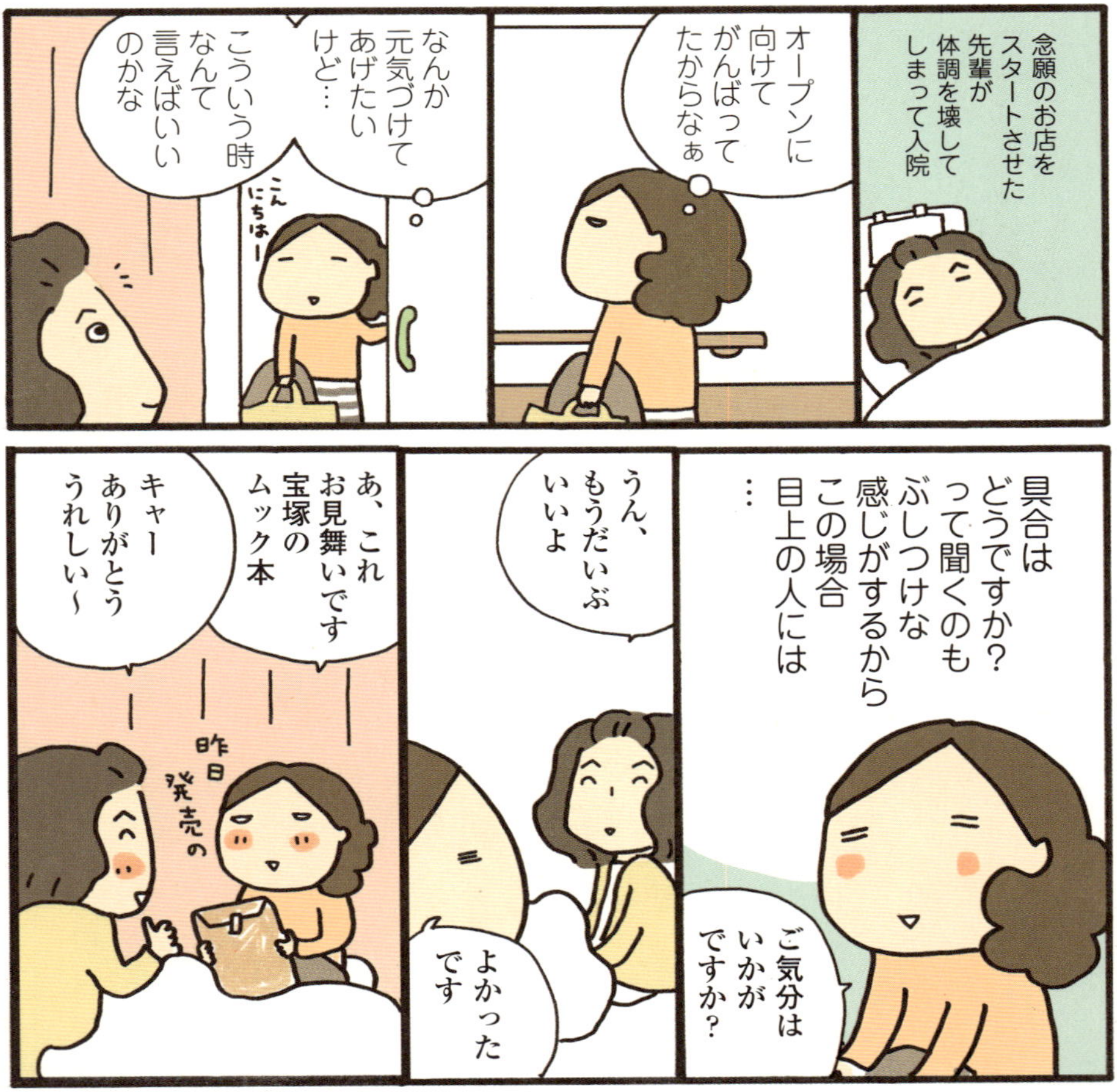

じつは詳しい病状を聞くのはまだ遠慮してたからお見舞いも迷ったんだけど
お花＝
もうたくさんもらってるかも
病院によってはNGだったり
食べもの＝
病気によっては食べられないかも
身の回りのもの＝
パジャマ
スリッパ
入院に便利だけど
長引くこと前提みたいで失礼にも
よかったまた今度劇場に行きましょうね～
うふふ
うんっ
なるべく仕事の話はやめといたほうがいいよね
私だったら焦るし
いつもと同じ会話で
私でよかったらなんでもおっしゃってくださいね
ありがとう～
フフフ
その言葉でなんか元気になったよ
よかった

相手と場所柄を気遣った丁寧な言葉でお見舞い

お見舞いする相手は療養中で、普段より気分も落ち込んでいます。まずは気分を伺い、回復を祈っていることを伝えましょう。そして、いつもより丁寧な言葉を選んで、相手を気遣います。

また、お見舞いする場所は病院であることが多いでしょうから、大きな笑い声などを立てて、ほかの患者さんの迷惑にならないように気を付ける必要があります。

心配するあまり、病状について詳しく知りたくなってしまうかもしれませんが、とてもデリケートな話題なので、しつこく聞かないこと。病状は相手から話してもらえたら、聞くのみにとどめます。

入院中でも自宅療養中でも

○**「ご気分はいかがですか。一日も早いご回復をお祈りしております」**

が基本的に使えるフレーズ。相手が目上なら、「具合」と言うより「ご気分」のほうが丁寧な印象になります。

✕**「どんな病状なんでしょうか？　いつ頃退院されるんですか？」**

と、詮索するのはいけません。

また、励ますつもりで

✕**「すぐに良くなりますよ」**などと、適当な気休めも避けましょう。

○**「元気になられたら、また一緒に●●しましょう」**

など元気づけるのもいいでしょう。●●には、カラオケ、ゴルフなど、相手と一緒にできることを入れます。

そのうえで、大変な事態に共感し、

○**「私でよろしかったら、なんでもおっしゃってください」**

と、自分に手伝えることがないかを、さりげなくたずねるのが大人の振る舞いです。

まとめ

病状についてはふれずに相手の力になるような言葉を

お見舞いに行く時の服装・持ち物

服装

清潔感のある、親しみを持てる服装を心がけましょう。

普段着でかまいませんが、病院などは療養するための場で、さまざまな人が出入りするので、人に不快感を与えるような服装や、不衛生な印象の服装は避けましょう。

NGなアイテム

毛糸が抜けるような素材、派手な服装、黒一色の服装（葬式を連想させるため）、香水、ハイヒール（靴音が響くため）、ノースリーブはNG。
※コートやマフラーは病室に入る前に脱ぎます。

お見舞いで特に注意したい点

突然の訪問はNG

「突然行って驚かせよう」というのはよくありません。本人が弱っている姿を見られたくないという場合も。事前に本人か家族に連絡して都合を聞いてから行きましょう。

お見舞い品は要望を聞いて

お見舞いの品にはルールがありますが（→P 41）、人によって病状や環境が異なるため、もらってうれしい物も違ってきます。できれば相手にほしい物を聞くといいでしょう。

周囲への配慮も忘れずに

病院の場合、相部屋の場合もあります。話し声のボリュームや、廊下での携帯電話の音や靴音などを立てないように注意し、長居せずに15～20分くらいで退去します。

持っていって良い物

現金や商品券

療養中は何かと出費がかさむので、失礼ではありません。友人知人の場合は５千円が目安。お見舞い用の袋に入れて渡します。ただし、目上の方へ贈るのはＮＧ。

タオルや便利グッズなどの小物

ハンドタオルやウェットティッシュなどは、何枚あっても使うので無難です。病状によってはドライシャンプーやアイマスク、耳栓、なども重宝します。

確認してから持っていく物

花束や花かご

病院によっては、感染やアレルギーの観点から生花の持ち込みを禁止している場合もあります。生花の場合は花瓶があるのか要確認。

本や雑誌、ＣＤなど

気晴らしになるので好まれます。相手の趣味にあったものを選んであげましょう。できればリクエストを聞いてみてもいいでしょう。

● お見舞いにはＮＧな物

真っ赤な花 ▶▶▶「血」を連想させる。／**真っ白な花** ▶▶▶「葬式」を連想させる。
鉢植えの植物 ▶▶▶ 根付くものは入院を長引かせる印象に。
４本や９本の生花 ▶▶▶「死」や「苦」を連想させる。
「シクラメン」 ▶▶▶ 名前が「死」を連想させる。
「椿」 ▶▶▶ 花が落ちるので「死」を連想させる。

［コラム①］気になるテレビの敬語

タレントも連続して発言してしまった謙譲語「いただく」の使い方

以前、ある女性タレントAさんが、バラエティ番組で発言した時の敬語遣いがヘン！　と話題になっていました。

Aさんが日常生活と自分の母親について語った時、

✕**「お掃除はお母さんに助けていただいて」**

✕**「お母さんにご飯を作っていただいていて」**

と、自分の母親の行動に「いただく」という敬語をくり返し使っていたのです。

母親への感謝の気持ちから丁寧に言うつもりで「いただく」を使ったのでしょうが、「いただく」は「もらう、食べる、飲む、してもらう」の謙譲語です。謙譲語は、へりくだった言葉を使うことで相手を立てる表現なので、この使い方ではAさんが、母親に対してへりくだっており、公の場で自分の身内に敬語を使っていることに……。

対外的に身内の人の話をする場合は普通語か、逆に世間に対して身内の人をへりくだらせないといけません。

　また、家族のことを対外的に呼ぶ時は、

×**「お父さん」「お母さん」**→○**「父」「母」**

×**「おじいさん」「おばあさん」**→○**「祖父」「祖母」**

と言い変えることも忘れずに。

　ですから、正しくは

○**「掃除は母に助けてもらって」**

○**「母が食事を用意してくれて」**

でいいのです。

●身内に使ってしまいがちな、間違い敬語

間違い敬語	正しい敬語
母があなたにお贈りになる品はお酒です	母があなたにお贈りする品はお酒です
父は先生のことをよくお知りになっています	父は先生のことをよく存じ上げております
姉がお嬢様のことをよくおっしゃっています	姉がお嬢様のことをよく話しております

えみこの敬語あるある

どうかよろしくお願いいたします

第2章

目上の人への敬語

ご案内や、ごあいさつ
相手に居心地よく
過ごしてもらうには？

「お座りください」は失礼なの？

こういう時は？はいっ森下さん
お座りください以外の言い方とすると…
す、すわ？、じゃなくて
お、おかけください…？
そう正解
昔を思い出すなあ…
デパートで働いていた時代
じゃあこういう場合は？
はいっ森下さん
今違ったのわかる？
はいっ森下さん
お座りくださいでも間違いではないんだけど動物に使う印象が強いからあんまり使わないほうがいいのよ
なるほどそういう
へー
お座り下さい！
ビシ
かわいい

敬語の型を知って使いこなそう

敬語には、覚えておきたい型が2つあります。ひとつは「お～になる」など定型を使って表現する一般的な型です。もうひとつは、特定の言い方に換える型です（→P53）。

敬語を使う時に、いちいち「これは●●型だから……」などと考えて使うことはないと思いますが、覚える際に知っておくと、「なんとなく敬語っぽいから」とあやふやに使っていた敬語も、正しく身に付きやすくなります。

また、前ページの漫画のようにどちらの型を使っても間違いではない言葉は、どちらがより相手に丁寧な印象を与えるかによって判断します。

●一般的な型の例

お（ご）～になる型＝多くの動詞はこれを付ければ敬語になります。

読む→**お**読み**になる**

出かける→**お**出かけ**になる**

働く→**お働きになる**

※「お（ご）～になる」を付けて、さらに丁寧な表現に換える場合も。

座る→**お座りになる**　→　**おかけになる**

買う→**お買いになる**　→　**お求めになる**

お（ご）～なさる型＝おもに「漢字二文字以上＋する」にあてはまる言葉に使用。

大事にする→**お大事になさる**

推薦する→**ご推薦なさる**

対応する→**ご対応なさる**

お（ご）～くださる型＝自分が何かしてもらう場合の表現。

知らせてくれる→**お知らせくださる**

紹介してくれる→**ご紹介くださる**

配慮してくれる→**ご配慮くださる**

まとめ

型に合うか、丁寧に聞こえるか、で判断を

「いたす」「なさる」の違いは？

コーヒーと紅茶どちらにいたしますか～？
はいっ森下さんっ
どちらになさいますか？が正しいかな？
いたす↓「する」の謙譲語
●なさる↓「する」の尊敬語
でも私尊敬語と謙譲語の使い方の違いってよくわかんなくて…
たとえて言うなら武士が「助太刀いたす！」と言っているイメージかしら
自分で「助太刀なさる！」とは言わないでしょ？

尊敬語は相手側を立てる言い方
相手に1段プラスする
イメージ
謙譲語は自分がへりくだる言い方
自分が1段降りる
イメージ
コーヒーか紅茶を選ぶのは私のほうだから
お客
『なさる』
尊敬語を使ったほうがいいんですね
「いたします」を使うとしたら
「コーヒーをご用意いたします」かな
私がいたします
森下さんバッチリよ
川俣さんに教わったおかげです
「いたす」「なさる」は社会に出てから出番の多い敬語
間違えないように気を付けよう！

尊敬語と謙譲語の違いを理解しよう

謙譲語は敬語の一種で、へりくだった言葉を使うことで相手を立てる表現です。へりくだる表現なので、主語は自分か身内の人。尊敬する相手が主語の時は使えません。

しかし、次のように間違うケースが多く見られます。

×「面会時間にお会いしてください」

×「奥様はこちらにおられます」

尊敬語と謙譲語の違いは、左のように主語を付けて比較してみると、わかります。

●尊敬語と謙譲語の比較（基本パターン）

型	主語	動詞
普通語	私が（母が）	会う
丁寧語	私が（母が）	会います（～ます、です）
尊敬語	先生が	お会いになる（お～になる）
謙譲語	私が（母が）	お会いする（お～する）、お目にかかる

また、普通語とは違う言葉で言い換える尊敬語、謙譲語もありますので、よく使うものはセットで覚えておきましょう。

言い換え型のよく使う尊敬語、謙譲語

普通語	尊敬語（主語は「先生が」）	謙譲語（主語は「私が」「母が」）
いる	いらっしゃる／おいでになる	おる
言う	おっしゃる	申す
行く	いらっしゃる	伺う／参る
来る	おいでになる	参る／伺う
する	なさる	いたす
食べる	めしあがる	いただく
見る	ご覧になる	拝見する（見せていただく）

まとめ

誰をへりくだらせて、誰を立てているのかがポイント

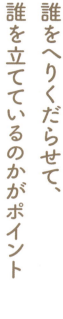

第一印象を良くする、ごあいさつを！

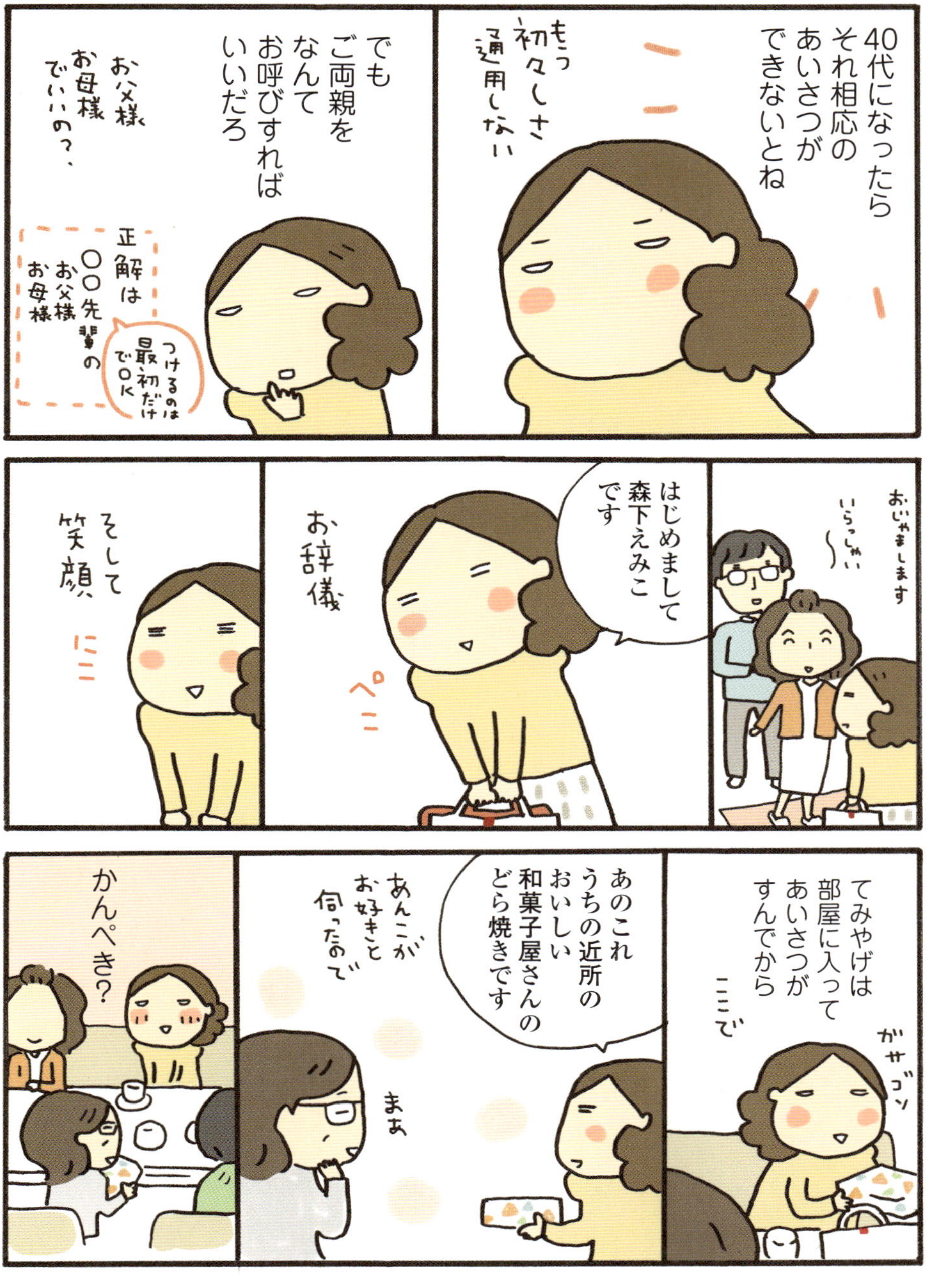
40代になったらそれ相応のあいさつができないとね
もう初々しさ通用しない
でもご両親をなんてお呼びすればいいだろ
お父様お母様でいいの？
正解は○○先輩のお父様お母様
つけるのは最初だけでOK
おじゃまします
いらっしゃい
はじめまして森下えみこです
お辞儀
ペこ
そして笑顔
にこ
てみやげは部屋に入ってあいさつがすんでから
ここで
ガサゴソ
あのこれうちの近所のおいしい和菓子屋さんのどら焼きです
あんこがお好きと伺ったので
まあ
かんぺき？

しっかりと自己紹介し、相手の呼び名は尊敬表現に

友人や先輩、交際相手などとお付き合いを続けていくと、相手のご両親など身内の方に会う機会も出てきます。相手の身内の方とは初対面でしょうから、はじめが肝心。自己紹介を丁寧にすることで第一印象をグッと良くすることができます。

また、たとえ普段は愛称で呼んでいたとしても、相手の身内の方の前では、相手を立てて尊敬表現の呼び方で呼ぶようにします。

○**「はじめまして、森下えみこです。いつも由美子先輩にご指導いただいております。今日はお言葉に甘えてお邪魔いたしました」**

とあいさつし、お辞儀も忘れずにしましょう。

×**「ゆみっぺさんのお母さん、こんにちは〜、おじゃましまーす」**

と近所の小学生のようなあいさつではいけません。

話しかけるときは、まずお父さん、次にお母さんの順で話しかけ、お呼びする時は、

はじめは**「由美子先輩のお父様」**とお呼びし、場になじんできたら、**「お父様」**だけでもいいでしょう。

さらに、話のなかで自分の家族など身内の話をする場合は、謙譲表現を使います。

●家族の呼び方　尊敬表現と謙譲表現

基本の名称	相手の家族に使う尊敬表現	自分の家族に使う謙譲表現
家族	ご家族	私ども、家族
夫	ご主人	主人
妻	奥様	妻、家内
息子	ご子息、ご長男（ご次男）様、●●（名前）様（さん、ちゃん）	息子、長男（次男）、●●（名前）
母親	お母様	母
祖父	おじい様	祖父
妹	妹さん、妹様	妹

まとめ

相手や相手の身内は敬う対象 呼称にも注意

場を盛り上げたい時は、ポロリに注意！

ご両親のこととか前もってもうちょっと聞いとけばよかったのかな…
そこまで気がまわらなかった…
森下さんはゴルフとかやらないの？
あ興味はあるんですけど
でも道具とかゴルフ場の会員とかなるとお金がかかって困…
私にだまっていろいろ買うのよねぇ
ハー
ぐちぐち
ハッ
いけない…
そういえばお料理が得意とか
こっこの巻き寿司すごくキレイですね〜！
話題を変えよう！
うちはお父さんも料理上手なのよねー
これは私が作りました
ワイワイ
えっそうなんですか？おいしいですー
発言のポロリに気をつけよう！
つい、いつもの調子で…

訪問先では、ほどよい会話でしゃべりすぎにご用心

知人や交際相手の実家とはいえ、初対面の方のお宅に訪問するとなると、何を話していいかわからないものです。訪問前にご両親の情報（近況や趣味など）を聞いておくと、会話の糸口になります。

たとえば、相手のお父様の趣味が釣りだとしたら、それが自分のフィールドにない話題だったとしても事前にそのことを知っていれば、釣り道具が飾ってあった時に

△「**釣りに行かれるのですか**」

だけで終わらずに、

○「**釣りに行かれるのですか。今の時期はどんな魚が釣れるのですか？**」

○「**どのあたりに釣りに行かれるのですか？**」

など、自分の知っている範囲で話を膨らませることができます。

相手からの質問に応える時も、たとえば「仕事忙しいですか？」などと聞かれたら

△「**はい**」

と、ひと言で返事をすると、そっけない感じで会話が続きにくくなってしまいますし、相手を立てる意味でも、なるべく

○「**はい、おかげさまで**」

○「**はい、なんとかこなしております**」

とふた言、三言で返答しましょう。

話をおもしろくしようとして、先輩や身内の方を落とした扱いはNG。

×「**お母様の衝動買いの話、由美子さんから聞きましたよ**」

など余計なことまで話さないこと。訪問先では自分が盛り上げていくよりも、相手からの話題やなげかけを受けて、膨らませていくつもりでいるといいでしょう。

まとめ

訪問前にご両親の情報を聞いておき、知っている範囲で話を膨らませる

スマートに帰る時のひと言は？

楽しく過ごさせていただきました
ありがとうございました
ぺこ
&次につながる言葉をひと言加えられれば好感触
今度は私にもお料理教えてください
まぁ
かんぺき
マナーや敬語に自信がないと
気になって楽しめなかったりするけど
要所要所わかっていれば
どこのご家庭におじゃましても大丈夫
お料理もおいしくて楽しかったな〜
うちの母がほめてたよ
おもしろい子ねって
おもしろい（ほめ言葉）

訪問先を辞するときの失礼のない、感じのよい言葉

訪問先では、帰ることを切り出すタイミングや言葉も大切です。次の予定の時間になったからといって、いきなり

× **「時間になったので帰ります」**

では訪問先に失礼にあたります。

話に花が咲いて言い出しにくい場合でも、話が一段落した時に

○ **「すっかり長居してしまって、そろそろ失礼します」**

などと切り出しましょう。

お茶や食事をごちそうになった場合は、

× **「食い逃げみたいですみません」**

ではなく、丁寧な表現の

○ **「いただきだちで申し訳ございません」**

と、残っている人へのお詫びを伝えましょう。
そのうえで、良い時間を過ごさせてもらったお礼や、お茶や食事をいただいたお礼、次につながる好印象なひと言を加えられれば、なお良し。

○**「楽しく過ごさせていただきました。ありがとうございました」**

○**「お茶、とてもおいしかったです。ごちそうさまでした」**

○**「今度は私にもお料理を教えてください」**（料理が得意だという話があった場合）

別れ際の印象が良ければ、その記憶が残るものです。最後は明るい話題を選びたいもの。楽しい話題がすぐに思い出せなかったら、

○**「今日は本当に楽しかったです」**

のひと言を加えるだけでも十分です。

まとめ

帰り際も美しい言葉で、丁寧な印象を残して

［コラム②］気になるテレビの敬語

「させていただく」を付ければ謙遜の意味になる？

最近、スポーツ選手などの会見やインタビューでよく聞くようになったフレーズが、

✖**「一生懸命プレーさせていただきます」**

✖**「演技させていただいて……」**

などの**「させていただく」**という表現です。

同じような表現では、ニュースキャスターが

✖**「私も現場に行かせていただきましたが」**

と発言したり、政治家が演説で

✖**「出馬させていただきました」**

などというのも、よく耳にします。

これらの言い方は「過剰敬語」です。「させていただく」は、相手に許可を得る場合に限って

使う表現ですので、これらの言い方のように許可が必要ない時に使うと、過剰な敬語表現になってしまいます。さらに、自分の意思で行動していることに使っているので、この言葉の本来のへりくだった意味をなしていません。

こういった場合は、「〜いたす」を使うのが正解。

○**「一生懸命プレーいたします」**

○**「出馬いたしました」**

「させていただく」を使う時は、その意味合いを考えてからにしたいものです。

このたび俳優の○○さんとご入籍させていただいたことをご報告させていただきます。
させていただきすぎ…

間違った「させていただく」表現

間違った使い方	正しい表現
演技させていただきます	演技いたします
行かせていただきます	参ります／伺います
担当させていただいています	担当しております
休ませていただきます	休ませていただきます

えみこの敬語あるある

旦那様はいつも私がつくるごはんをおいしいと召し上がってくれます
上品な話し方をしようとして敬語を使って失敗しちゃうパターン……

第3章

自己主張の敬語

ムカッとした時や
きっぱりと断りたい時なども
敬語が味方になってくれます。

きっぱり＆スマートな断り方

うっ セールス
仕事の電話かと…
このたびはあんしん入院保険のご案内でお電話いたしました
あ…はあ
入院時百万円の支度金と一日一万円の保険金が月々1980円で受けられまして
また、手術時には50万円のお見舞金が
あの 今は
大丈夫ですので
この全く話のリズムをゆるめない感じ…
掛け捨てではありますが、その分月々のお支払い金額もお安くなっておりますので
現在他にどこか加入なさっていますか?でしてもみなさん追加でプラスする形
やんわり断ってたらなかなか終わらない…
こういう時はキッパリと断る言葉を言わないと
あのっ私必要ありませんので
すみませんありがとうございました!
キッパリ
フー
これを最初から言えればいいのね

「遠ざけたい」という思いも敬語で表現できる

尊敬語は文字通り、相手に敬意を表する時に使いますが、実際には、尊敬している相手だけに使っているわけではありません。初対面の人や、気が合わないご近所さんなどが相手の場合にも使います。

このように「尊敬している」わけでなくても尊敬語を使うのは、コミュニケーションを円滑にするためです。敬語は敬う気持ちを表すだけでなく、人付き合いの潤滑油にもなるのです。

そのうえ、反対の効果である、相手と自分との間に距離感があるのを示すこともできます。セールストークは、その距離を縮めようと、あの手この手を尽くすものですが、断りたければ距離感を強調するためにも、しっかり敬語で断りましょう。

断るときにまず使ってしまうのが、

✖ **「大丈夫ですので……」**

ですが、とらえ方によっては「買うことはＯＫ」の意味にとられる言葉です。

○「いま、取り込んでいますので」

は、遠回しながら「いりません」という意味で通用します。

もっときっぱりと「ＮＯ」の意思を伝えるならば

○「結構です」

断る強さによって、次のように使い分けて、しっかり自己主張しましょう。

● セールスを断るための敬語フレーズ3段階

段階	敬語フレーズ	意味
始めは…	いま、取り込んでいますので	忙しくて相手をしている暇はないこと。本当はヒマでもこう言って話を切る
話し続けてくる…	いま、間に合っています	常識的には「いらない」という意味
もう切りたい…	いりません、結構です	ストレートにＮＯという意味

まとめ

「尊敬の念」以外でも敬語を活用して自己主張を

ムカッとした時こそ、敬語で大人の対応を

でも娘さんすっかり大きくなって〜
年賀状の写真かわいかった
これから中学受験とかあってそんなのんきなこと言ってられないのよ
フー
そっかあ大変ですねぇ
でもお迎えの時間までは自由なのよね〜
ダメだ何を言っても否定で返ってくるし…
そんなことはないのよ〜
早く会話を終わらせたい…
こういう時はもう相手を否定せず
そうなんですねぇ
かといって無理に相手に賛同せず
毎日忙しいのもありがたいことですしね
そしてイヤなことを言われても顔に出さずに…
そういうこともありますよねぇ
仏の顔
イラッとした時ほど大人の対応
じゃあまた〜

苦手な会話や誘いはテクニックで早く切り上げる

円滑なコミュニケーションを心がけていても、どうしても苦手なタイプの人はいるもの。どんなにムカッ、イラッとしても、感情をそのまま相手にぶつけたところで解決にはなりません。

こういう時は、

- **あまりあいづちを打たない**
- **相手の言うことは否定しない**
- **会話の切れ目を作る**
- **自分の主張は変えない（相手に無理して賛同しない）**
- **言葉遣いはあくまで丁寧に**

この5つを意識して、ストレスフルな時間は早めに切り上げてしまいましょう。

会話を早く切り上げるために、72ページからの「遠ざけるための敬語」も活用を。

苦手な人からの誘いをやんわりと断るには、

○「あいにく、予定があって」

など、やむを得ない感じを表現。

会話を切り上げたり、断るなど、否定的な対応をする時も、相手を思いやった言い回しなら後々も波風を立てずにすみます。

●会話を早く切り上げるための敬語フレーズ

自分の意思	敬語フレーズ	意味合い
肯定したくない時	さあ、どうでしょうか	肯定も否定もしないのでカドも立たず、興味を示さない態度を表現
早くこの場を去りたい…	お忙しそうですね、そろそろ失礼します	相手を気遣うと装って、退去する機会を演出
誘いを断りたい…	あいにく先約がありまして…	具体的な理由を言わないで断れる定番文句

まとめ

カドを立てずに「関心がない」ことをアピール

クレームや文句も、敬語でやわらぐ

芸能トップニュース
・熱愛報道に女優の
「大変困惑しております」
・ドラマで人気と
困惑しております
なるほど！さすが芸能人うまい表現だわ～
使える！
イラストの件承知しました。
ただ最初のお話から変更が多く
少々困惑しております。
できましたら今後の
こんな感じかな
なにも言わないままモヤモヤ仕事するのもイヤだし
最初と違うんですけどって怒った感じになるのもよくないしね
例えばいろんな感情があっても
怒り
悲しみ
ムカつき
ストレートにぶつけるんじゃなくて、できるだけオブラートに包んだ方がうまくいくことってあるもんね
困惑しております
そのあと進行状況を教えていただくこともでき
やっぱりちゃんと伝えてよかったな～

クレームや文句を敬語で的確に、ほどよく伝える

クレームや文句は、言うほうも言われるほうもエネルギーがいるもの。せっかくエネルギーを使うなら、次回以降がより良くなるためのものにしたいですね。

言うほうは、つい感情的になりがちですが、

×**「ちょっと！　また違ってるんですけど」**

×**「何度言えばわかるんですか！」**

などは、カドが立ちますし、理由が伝わらないのでＮＧ。ひと呼吸おいて冷静になり、気持ちと要望を整理して伝えましょう。

伝えるための〝怒りの敬語〟はいくつかあります。状況や怒りの度合いに合わせて、使ってみましょう。

●**婉曲《えんきょく》表現**

相手のミスでこちらが不利になったり被害を受けたときに、やんわりと抗議する表現。

まとめ

“怒りの敬語”は 覚えておくと、いざというとき便利

○「大変困惑しております」

○「納得しかねます」

● “お願い” スタイル

ソフトに要求する表現。

○「申し訳ございませんが●●です。できれば▼▼にしていただけると助かります」

○「申し訳ございませんが、急いでくださると助かります」

● “やんわり指摘” スタイル

問い正したいところを、相手が気付くのを待つ表現。

○「お忙しくて、うっかりされたのだと思いますが」

○「こちらの勘違いかもしれませんが」

自分のミスに気が付いた時は、謝罪＆事情説明

間違えて逆に送ってしまった
ということは両方間違えてしまってるってこと?、
ひー
まずは謝罪
大変申し訳ございませんでした。
早く送らなきゃと思うとあせる
そして事情説明を
うっかり間違えまして
友人へ送るはずの
ファイルを送ってしまいました。
以後、気を付けます！
反省の言葉もそえて
私もよくやります（笑）
原稿ありがとうございました。
ホッ
ミスをしたらまずは謝罪そして事情説明
しかし締切が遅れてしまった時の事情説明については
申し訳ありません…あのその
えーと
いつも説明が難しいのでした…

小さなミスでも謝罪の言葉を

うっかり違う書類を相手にメールで送ってしまったなど、メール送信のミスは誰もが一度は経験があることと思います。

これがたとえ小さなミスであったとしても、間違いは間違い。まず謝罪の言葉を伝えましょう。そして、気付いた時点でできるだけ早く、謝罪の言葉と、間違ったためにどんな状況になっているかを連絡するのがマナーです。

○**「これこれこういうメールを間違えて送ってしまいました。申し訳ございません」**

と、謝罪するとともに、どんな状況かを連絡。

あわてて連絡して、

×**「さっきのメールは削除してください」**

だけでは、相手も納得できません。

△**「確認し忘れて送ってしまいました」**

だと、間違えた理由を説明してはいますが、何度も使うと「この人いつもこうなのかしら……」と信頼を失うので注意。

次に、正しいものを送り、間違えて送ったメールの削除をお願いしましょう。

○「正しいものをお送りいたしますので、先ほどのメールは削除していただけませんでしょうか」

最後に、

○「次からはこのようなミスをしないように、十分注意いたします」

と、これからの反省を加えると、信頼回復につながります。

謝罪する時は感情的にならないことも大事。相手から怒りの電話やメールを受けると、自分も感情が高ぶってしまいますが、ここは冷静になって。状況を客観的に説明し、言い訳は求められたら話すようにしましょう。

まとめ

ミスをしてしまったら、謝罪、連絡、反省を伝えましょう

自分の意見を
カットインしたい時のタイミング

また
やっちゃった…
申し訳ございません
私つい質問のタイミングとかちゃんと考えないで思いついた時に聞いちゃったりするんだよね
反省反省
ほかにもなにか質問はありますか？
…
まずは話を最後まで聞いて
質問や疑問はメモしておく
うんうん
相手の様子を伺ってタイミングを選び
申し訳ございません、ひとつ教えていただきたいのですが
ちゃんと説明を聞いてから
例えばこんな感じで
フムフム
自分の意見を
こういう案はいかがでしょうか？
お伺いスタイル
参考にします
?

目上の人を立てながら自分の意見を発言

目上の人が進めている話題に対して、途中で意見を伝えるのは勇気がいることです。大事なのはタイミング。目上の人の様子を観察して、相手が意見を言い終わった時など、都合の良さそうなタイミングを選びます。

○ **「今の手順についてご相談したいことがあるのですが」**

と目的を簡潔に言います。もしくは、

○ **「申し訳ございません。ひとつ教えていただきたいのですが……」**

○ **「この点について、このような疑問がわいたのですが、考え方の方向性を教えていただけますでしょうか」**

など、教えてもらう姿勢で発言します。

相手が話しているところを、いきなり、

× **「でも、それってやりにくくないですか？」**と、カットインすることは失礼にあたるのでやめましょう。

次に自分の考えを、

○「このように考えましたが、いかがでしょうか？」

○「A案とB案があって、私はA案でいきたいと思っているのですが……」

と、お伺いを立てる表現を使うと好印象。

×「A案とB案では、どちらがいいでしょう？」

と聞くだけでは、自分の考えがないと思われることもありますので、2案あるうち、自分の意見はどちらなのかを伝えることもポイントです。

主張を聞いてもらった後は、その目上の人に必ず事後報告を忘れずにしましょう。

○「先日聞いていただいた●●●の件ですが……のようになりました。ありがとうございました」

まとめ

意見はタイミングをみて、“お伺いスタイル”で発言

目上の人に相談する時の方程式

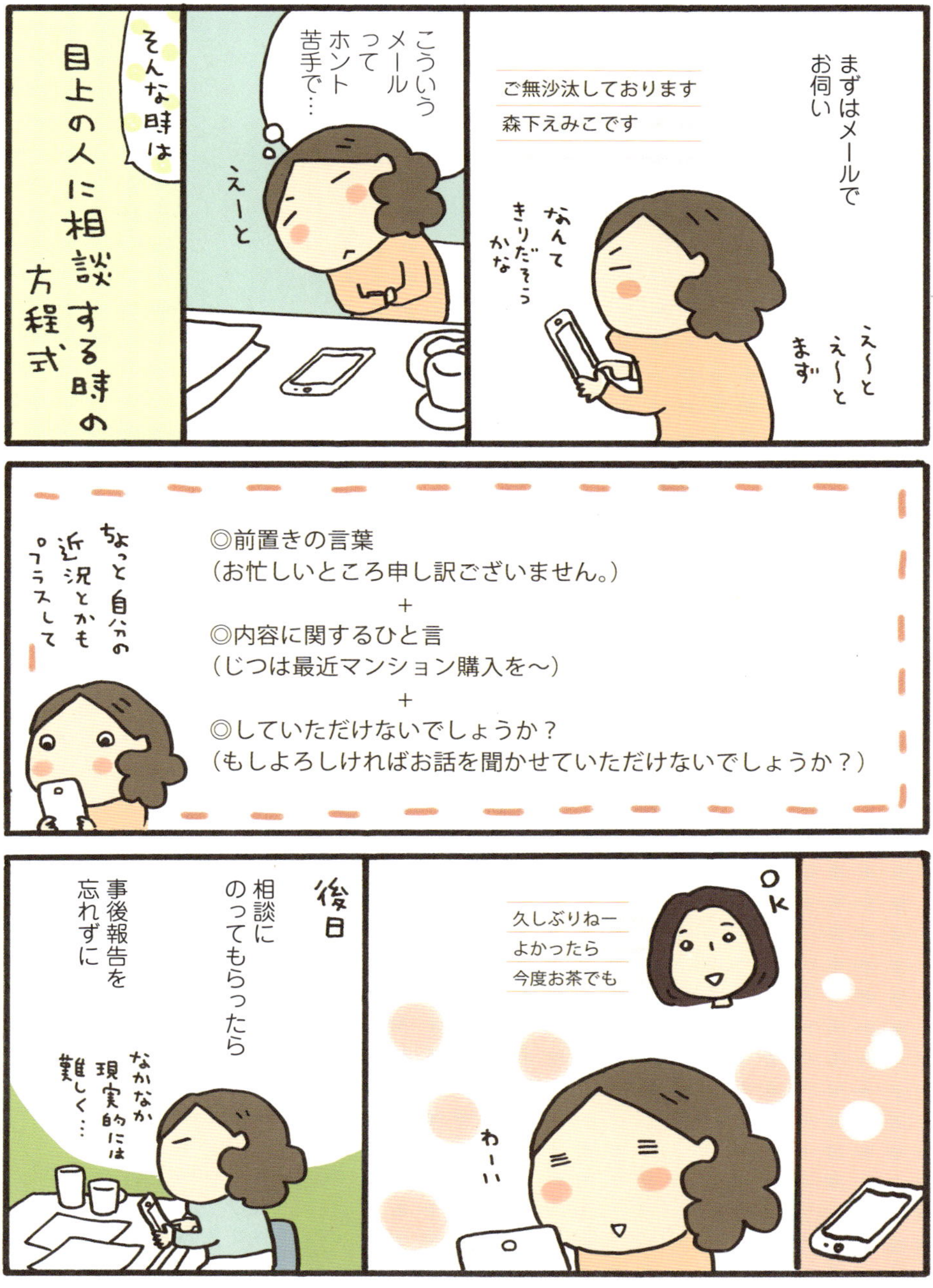
まずはメールでお伺い
ご無沙汰しております
森下えみこです
え〜と
え〜と
まず
なんてきりだそうかな
こういうメールってホント苦手で…
え〜と
そんな時は
目上の人に相談する時の方程式
◎前置きの言葉
（お忙しいところ申し訳ございません。）
＋
◎内容に関するひと言
（じつは最近マンション購入を〜）
＋
◎していただけないでしょうか？
（もしよろしければお話を聞かせていただけないでしょうか？）
ちょっと自分の近況とかもプラスして
OK
久しぶりねー
よかったら
今度お茶でも
わーい
後日
相談にのってもらったら
事後報告を忘れずに
なかなか現実的には難しく…

前置き言葉を使って相手を気遣いながら相談

目上の人に相談する時に忘れてはならないのが、「相手に相談のための時間をさいてもらっている」ということ。いきなり本題に入るのではなく、前置き言葉を使うなどして、相手への気遣いを表しましょう。

○**「お忙しいところ申し訳ございません」**

○**「お時間をいただいてもよろしいでしょうか」**

○**「突然のお願いで恐縮でございますが……」**

○**「教えていただきたいのですが……」**

○**「ご迷惑とは存じますが……」**など。

次に、相談する内容を伝え、なぜ相手に相談したのかも伝えると説得力が増します。

○**「○○さんなら、よいお知恵をお持ちだと思いまして」**

○**「○○さんなら、そういう方面にお詳しいと聞きまして」**

そして語尾は、**「〜していただけないでしょうか?」**と伺うニュアンスでまとめます。

伝える順に並べると、

1：前置き言葉 **「突然のお願いで恐縮ですが」**

2：相談内容 **「●月●日に後輩の結婚式でスピーチすることになりまして」**

3：なぜこの人に? **「●●部長でしたらご経験が豊富でいらっしゃるので」**

4：語尾は〝していただけないでしょうか?〟**「相談にのっていただけないでしょうか?」**

となります。

相談にのってもらえたら、上手くできたかどうかなどの事後報告を忘れずに。

まとめ

相談も言い方次第で、聞いてもらいやすくなります

[コラム③] お礼状の書き方

いただき物をした時などにお礼の気持ちを伝えるなら、季節のあいさつとともに、手紙をしたためて送りたいものです。品物をもらったら、すぐに書きましょう。

ハガキ

文字量が少なくてすみ、親しみを感じさせます。
ただし、文面が人目に付くので、信書など
相手だけに読んでもらいたい手紙には不向き。

1 頭語・時候の挨拶
ハガキでは文面が限られているため省くこともあります。

2 相手の安否
相手を気遣う言葉やご無沙汰を詫びる言葉など。

1 盛夏の候、2 皆様にはお変わりなくご健勝にお過ごしのことと存じます。
3 さて、このたびは結構なお中元の品をお送りいただきまして、誠にありがとうございました。清涼感あふれるゼリーは早速冷やして、おいしくちょうだいしております。
奥様にもよろしくお伝えください。
4 暑さ厳しき折、お体を大切になさいますよう、心よりお祈り申し上げます。
まずは取り急ぎ、書中にてお礼まで。
かしこ 5

3 主文
この場合はいただきもののお礼。改行して書きます。

5 結語
差出人が女性なら、手紙の末尾に相手に敬意を表す語の「かしこ」と書きます。頭語がなくても入れることも。

4 結びの言葉
健康や幸せを祈る言葉を、改行してから書きます。

封書

改まった印象があり、ビジネス文書から親しい友人宛の手紙まで、出す相手や内容を問わず幅広く対応することができます。

1 頭語
「拝啓」「前略」など。親しい人へは省くことも。

2 時候のあいさつ
季節を話題にしたあいさつ（→P97）。

3 相手の安否
相手を気遣う内容の文を書きます。

1 拝啓　2 梅雨明けとともに暑い日が続きますが、寺島先生3にはお健やかにお過ごしのこととお慶び申し上げます。
4 さて、先日は私たちの3年B組の同窓会にお越しくださいまして、ありがとうございました。心よりお礼申し上げます。
25年ぶりに、変わらずお優しい先生の笑顔を拝見したとたんに、高校時代に戻ったようで、皆も楽しいひとときを過ごせたようです。

まだまだ未熟な私たちですが、先生を見習い、いくつになっても学ぶ姿勢を忘れないでいたいと思っています。これからもよろしくご指導くださいますよう、お願い申し上げます。
5 これから暑さも厳しくなりますが、体調をくずされませんよう、くれぐれもご自愛ください。
6 まずは書中にて、お礼申し上げます。
敬具 7
8 平成二十七年七月○日

4 主文
通り一遍の文章ではなく、感謝の気持ちなどを具体的な表現で。

5 結びの言葉
相手の健康や幸せを祈る言葉を入れます。

6 用件を結ぶ言葉
「まずは〜まで」と内容をまとめる言葉を。

7 結語
頭語に合った結語を、書きます。

8 日付
手紙の発送日を2、3字下げた位置に。

一筆せん

親しい人に物を送る時や借りた物を返す時に、
メッセージカード代わりに使えます。
書き方に決まりはありません。用件を短くまとめて書きます。

1 ご無沙汰していますが、お元気ですか？
2 帰省も兼ねて、久しぶりに静岡へ行ってきました。最近話題の、静岡限定○○のお菓子を見つけましたので、ぜひご賞味ください。
3 またランチにでも行きましょうね。それでは、また。

えみこ

1 書きだし

時候のあいさつや、相手の安否をたずねる文、ご無沙汰を詫びる文などを。

2 主文

メインとなる要件。スペースが限られているのでコンパクトに。

3 結びの言葉

また会うことを伝えつつ、結びのあいさつを。親しい間柄なら省いてもOK。

こんな時は一筆せんが便利！

品物を送る時

手渡しできずに品物を送る時は、「おめでとう」「これからもよろしくお願いします」などのひと言を添えると、気持ちも伝わります。

借りた物を返す時

物を返すだけでなく、「ありがとう」「助かりました」などの言葉を添えると感謝の気持ちが表れて、その後の関係もスムーズです。

伝言メッセージの代わりに

相手が不在の場合など、「また来ます」「先日はありがとう」とひと言残すと、会えなくてもコミュニケーションがとれます。

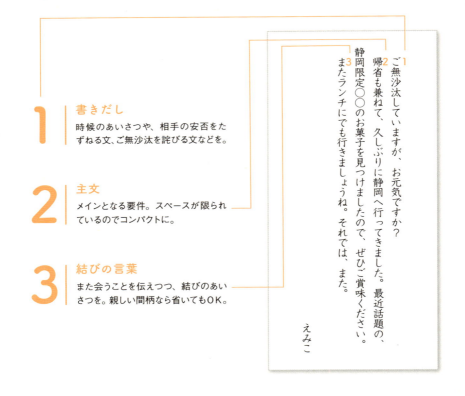

［時候のあいさつ　一例］

手紙では、時候のあいさつで自分が感じる季節を表現し、
あなたらしさや暮らしぶりを伝えましょう。最初のうちは、
下記の常套句を使うといいでしょう。

1月	・新春の頃 ・寒さの厳しい日が続きますが
2月	・梅香の候 ・余寒お見舞い申し上げます
3月	・早春の候 ・桃の節句も過ぎ、春めいてまいりましたが
4月	・陽春の候 ・桜花らんまんの季節になりました
5月	・新緑の候 ・風薫るさわやかな季節です
6月	・入梅の候 ・衣更えの季節になりました
7月	・大暑の候 ・梅雨明けが待ち遠しい今日この頃でございますが
8月	・晩夏の候 ・暑さますます厳しき折から
9月	・秋色の候 ・ひと雨ごとに秋色が深まってまいります
10月	・仲秋の候 ・気持ちのいい秋風が吹き渡る頃となりました
11月	・残菊の候 ・日増しに寒さの加わる頃となりましたが
12月	・初冬の候 ・師走を迎え、ご多忙のことと拝察いたします

えみこの敬語あるある

目上の方へは失礼
賀正
新年
明けまして
おめでとう
ございます
元旦えみこ
1月1日に届く場合に使える
正しくは
明けまして
おめでとう
ございます
新年
おめでとう
ございます
若い頃まちがえだらけの年賀状を書いていました
せ、先輩にも上司にもこれを…

第4章

とっさの時のスマート敬語

相手をほめたかったら?
逆に、ほめられたら?
臨機応変に対応できる人を
めざしましょう。

目上の人をほめてもいいの？

ど、どっから
目線で
ほめてるの…
大御所
ファッション
アドバイザー
的な…
相変わらず
な奴…
目上の人を
ほめるのって
失礼に
ならない
のかな…？
ん？
まぶしい
黒木さん
だわ～
さすが
ステキ
…
ホゥ
マダム
いつも
ステキで
憧れます
私も
黒木さん
みたいに
なりたい
です～
ありがと
年下の子からは
あんな風に
憧れ目線で
ほめてもらえたら
うれしい
かもな…
あー
憧れ…

そもそも目上の人をほめるって、アリ？

人をほめるポイントは、雰囲気、おしゃれ、言葉、センスなど、探せば探すほど見つかります。

ただし、目上の人をほめるのは失礼にあたることも。「ほめる」とは「評価する」ことだからです。目上の人に気持ちを伝えたいときは、ほめるのではなく、憧れているという方向で表現するといいでしょう。

●使ってしまいがちなNG〝ほめ〟表現

×「感心しました」

↓感心は目上の人が目下にするもの

×「お上手ですね」

↓大人が子供をほめる言い方

×「バッグ（など物品）が、いいですね」

↓バッグなど物をほめているだけだから

●代わりに使いたい〝憧れ〟表現

○「素敵ですね」

↓「いつも（今日も）素敵ですね」「品があって素敵ですね」など組み合わせたほうが説得力アップ。

○「私には思いつきません」

↓「そのアイデア、私には思いつきませんでした」など。〝アイデア〟に感心するのではなく、思いついたその人に憧れる意に。

○「●●さんのようになりたい」

↓「私も●●さんのように、センスよくなりたいです」などと言うと、服や物をほめているのではなく、その人自身に憧れている意に。

まとめ

目上の人は「ほめ」ずに「憧れ」の対象ととらえて発言

ほめられ上手は、
相手も気持ちがいい！

せ、せっかくほめてもらったのに私ったら…
つい否定しちゃったり
お世辞かな～とか思ったり
普段あんまりホメてもらうことないから…
な、慣れてなくて…
自慢みたくなっても恥ずかしいし
でもどうやって返事するのがいいんだろ…
柿崎の肌もツルツルじゃなーい
いつもピカピカしてる
ありがとうございます～！
全肯定
肌は私の自信あるとこなんで
ほめてもらえてうれしいです
くっ
素直…かわいい…
まずほめてもらったらありがとうございますは言わなきゃだよね
あそこまではムリだけど…
もう1回ほめてくれないかな…
今度はちゃんと…
チラッ
チラッ

ほめられた時の言い回しを覚えて、気持ちよくほめられる

ほめられると、つい謙遜したり、照れてしまい

✕ **「そんなことないです」**

✕ **「ぜんぜんです～」**

と言いたくなるものです。気持ちはわかりますが、それでは相手の言葉を否定していることになります。

さらに、美容やスタイルに関する話題は、自分が否定することでほかの人を傷つけてしまうことも（美容、スタイルに悩んでいる人がその場にいる可能性があるので）。

まずは、ほめられて即座に否定することは避けましょう。ほめられたら、**笑顔で「ありがとう」**の気持ちを伝えることが大事。ほめた人もうれしくなります。

また、ほめられてすぐに

✕ **「●●さんのほうが素敵ですよ～」**

と、ほめ返すと嘘っぽく響いてしまいます。いったんは相手の言葉を受けて温めてから、

○**「気付いてくれて、ありがとう」**

○**「そう言っていただけると、自信になります」**

○**「ありがとう、がんばったかいがあったわ」**

○**「●●さん（ちゃん）に言われてうれしい」**

と、ほめてくれた人を立てる言い回しを覚えておくと、相手も自分も互いの言葉を気持ちよく受け入れることができ、ほめられ上手になれますよ。

　それでも言い馴れなくて、どうしても謙遜を加えたいのなら、

○**「ありがとう。自分ではそんなふうに思っていなかったんだけど……すごくうれしい」**

という言い方もＯＫです。

まとめ

ほめられ上手になれば会話をもっと楽しめる

上座と下座の違いって？

今日は昔勤めていた会社でお世話になった川俣さんの
定年退職祝いの食事会
みんなと会うの久しぶりだな〜
ワイ
ワイ
あっ森下さん〜
柿崎〜こんにちは〜
川俣さんご無沙汰しております
森下さん元気だった？
おお〜ステキな個室
ワイ
ワイ

いい感じのお店だね～
幹事↓
えへへ
あっ、じゃあ川俣さん好きな席に座ってください
どこでもどうぞ！
川俣さんはこちらに
ありがと
フフッ
柿崎さん主役や目上の人は上座にね
コソ
コソ
かみざ…
上の方の席ってことですか？
？
えっそれって丸いテーブルでもあるんですか？
どこに座っても同じかなって丸いし…
テーブルでなくて部屋で考えてみよう
上
下
あっ

敬語で上座にエスコート

会食や会合、打ち合わせなどでは、目上の人や招いた人を上座に案内します。時々、目上の人を上座に案内すると、相手が遠慮して「いや、私はここでいいので」と末席に座ってしまうことがあります。そんな時には、

○ **「●●さんにはこちらのお席をご用意しました」**

という言い方をすると、相手も断ったりせず、スムーズに案内できます。

上座の位置は、和・洋・中の料理によって違い、さらに乗り物にも上座があります。会場によっても異なりますが、共通なのは「目上の方にいちばん居心地のよい席を提供する」ということ。その席が、寒すぎないか、見晴らしが悪くないか、座席が座りにくくないかなどを気遣って案内するといいでしょう。

まとめ

目上の人は、あらかじめ用意した上座に直接案内します

会食、乗り物などの上座

乗り物

町内会の旅行や家族旅行でも、できれば
年長者を上座に案内したいもの。
同じ自動車でも、タクシーと自家用車では異なります。

●タクシー

最上座は後部座席で運転席の後ろ。中央は境目で座りにくいので下位になり、助手席は料金を払ったりするので末席になります。

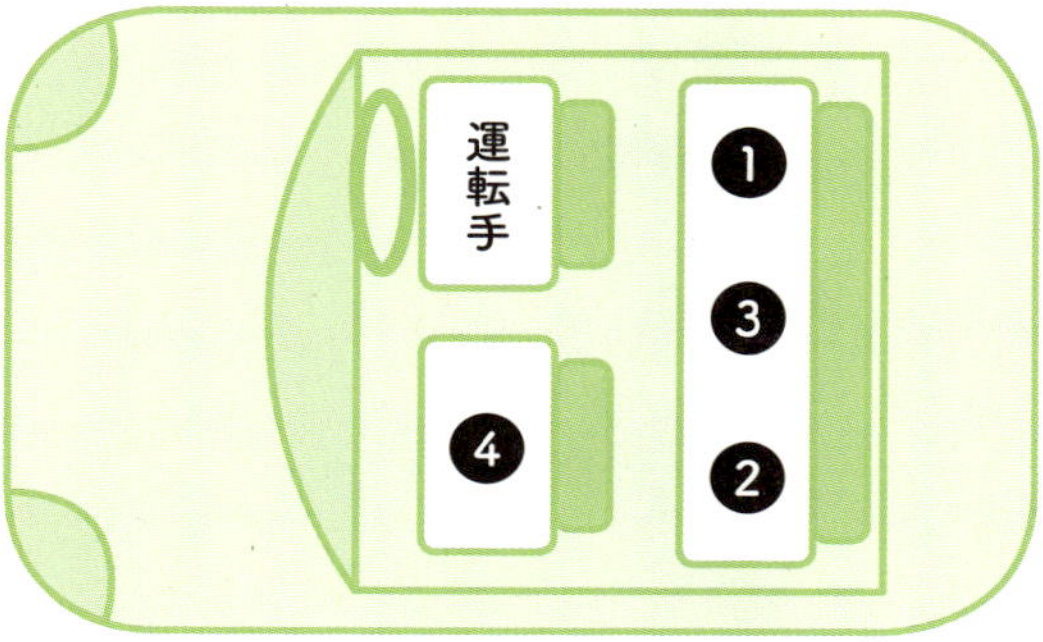

●自家用車

接待する本人が運転する場合や、運転手と目上の人が親しい場合は、助手席が最上席になります。それ以外はタクシーの席次と同じ。

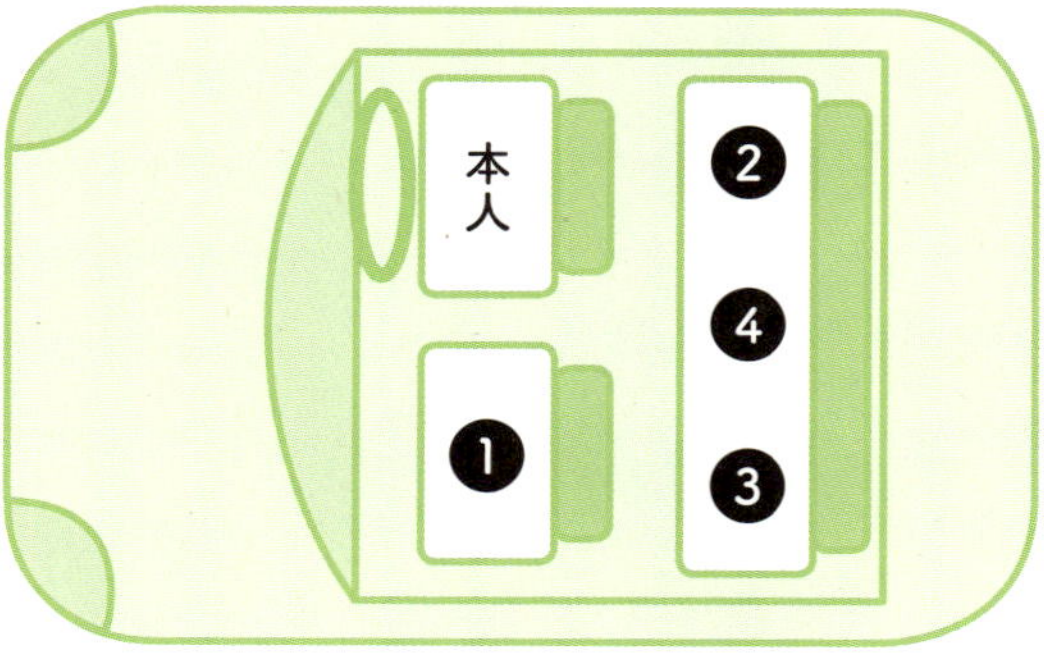

●列車

基本的には窓側が上位、3列席では中央が最下位になります。図のように席を向かい合わせた場合は、進行方向に向いた窓側が最上席。

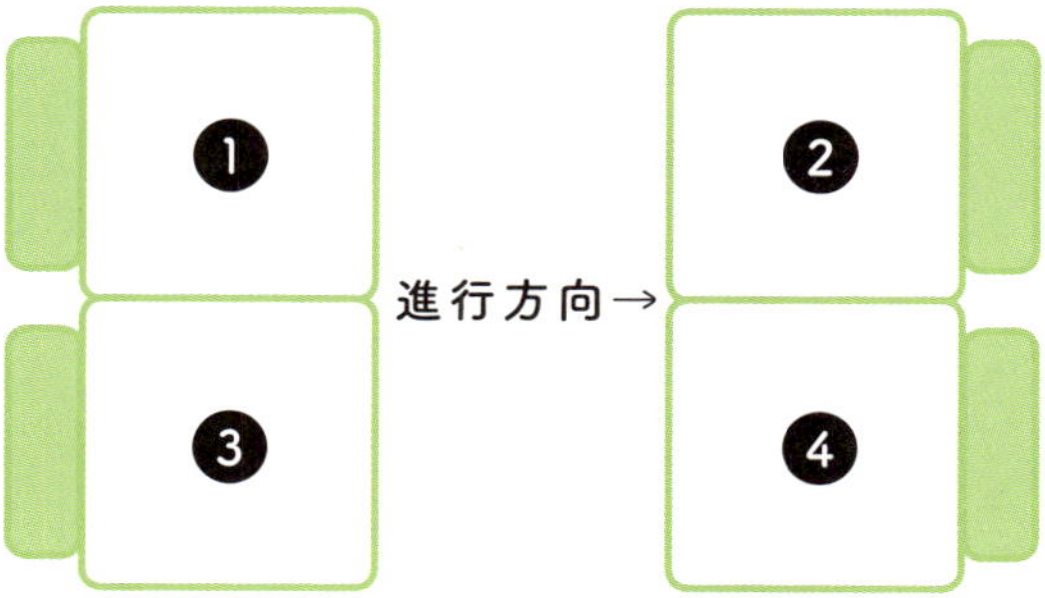

和室（お座敷）

料亭や割烹などの本格的な和室から、和風居酒屋のお座敷まで、
お部屋の様式はさまざま。
ポイントは床の間の有無とその位置。

床の間の前が上座。床の間の前に２人が並ぶ時は、床の間から見て左側が最上席となります。床の間がなければ、一般的な席次ルールと同じで、出入口から最も遠い席が最上席、出入口にいちばん近い席が末席です。

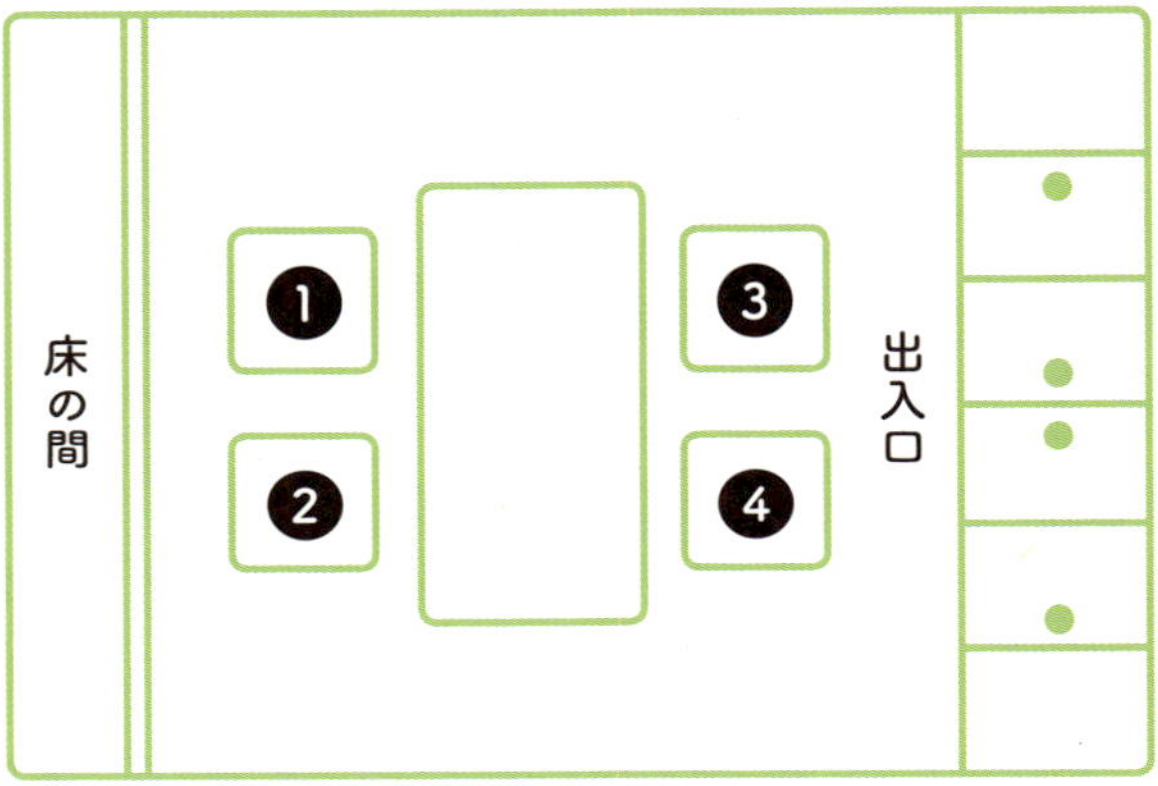

円卓

テーブルの形は違えど、基本ルールは一緒。
丸テーブルの会議室や
結婚披露宴での席次にも応用できます。

出入口から最も遠い円卓が最上位で、出入口に近づくにつれて下位に。円卓ごとの座り方も、出入口から遠い席が上座で、図のような順で座ります。招待する側と客側では、右側の図のように分かれて座ります。

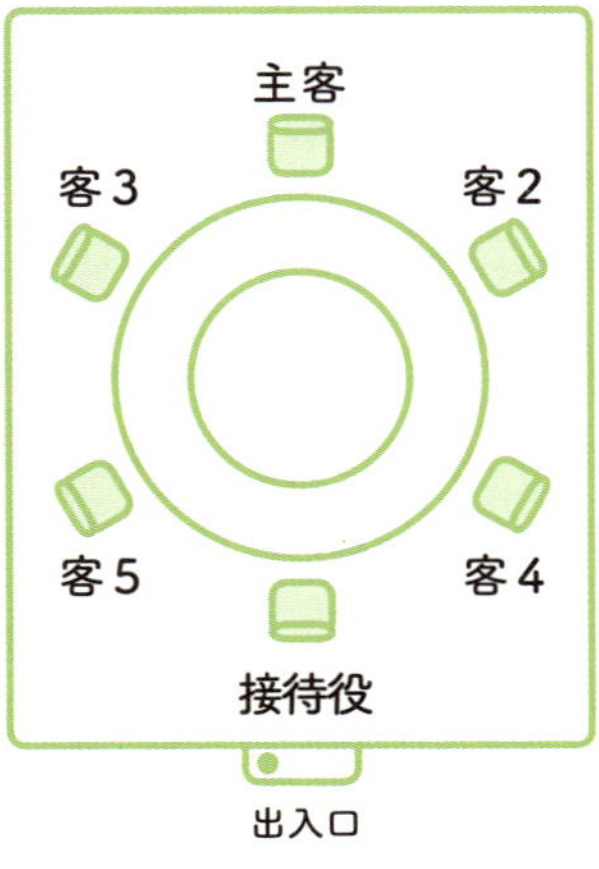

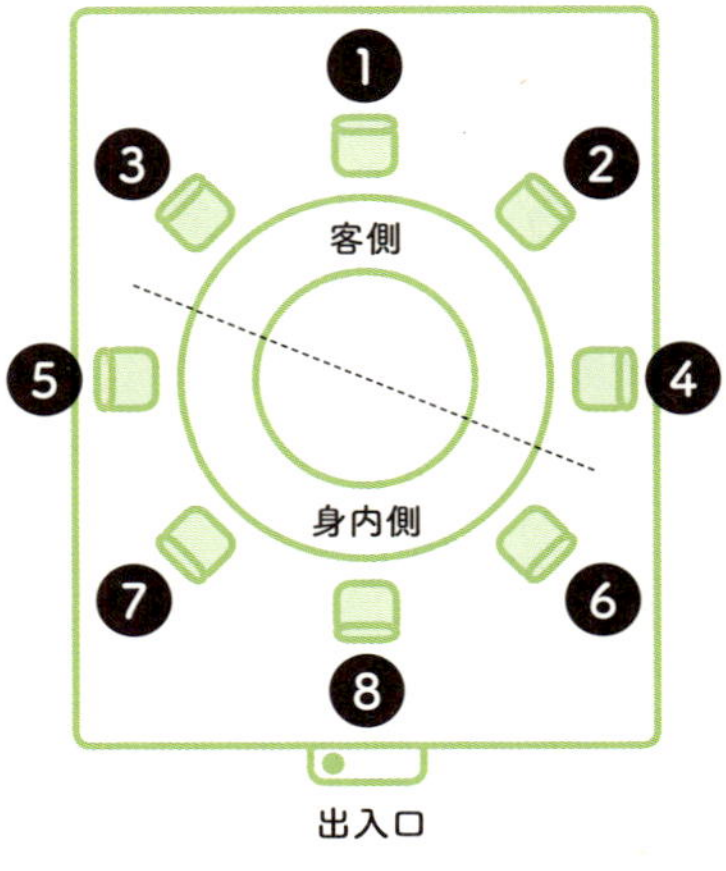

テーブル席

レストランでも同様。席次ルールの通りですが
お店のロケーションなどによって臨機応変に、
その場で最高の席を上座とします。

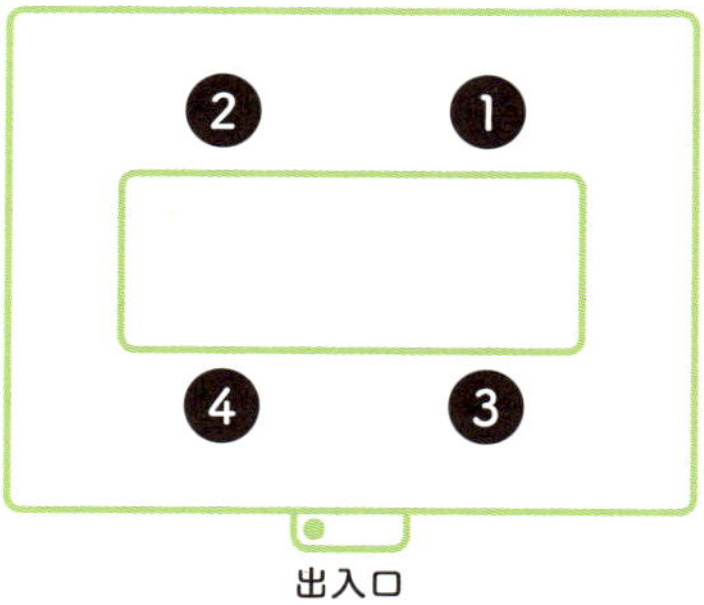

入口から最も遠い席が最上席ですが、眺望も上座の条件ですので、加味して上座を決めましょう。壁に造り付けてあるベンチ席には、目上の人や女性を案内。カウンター席では、会話が弾みやすいように、主客を中ほどに案内し、接待する側が両脇に座ります。

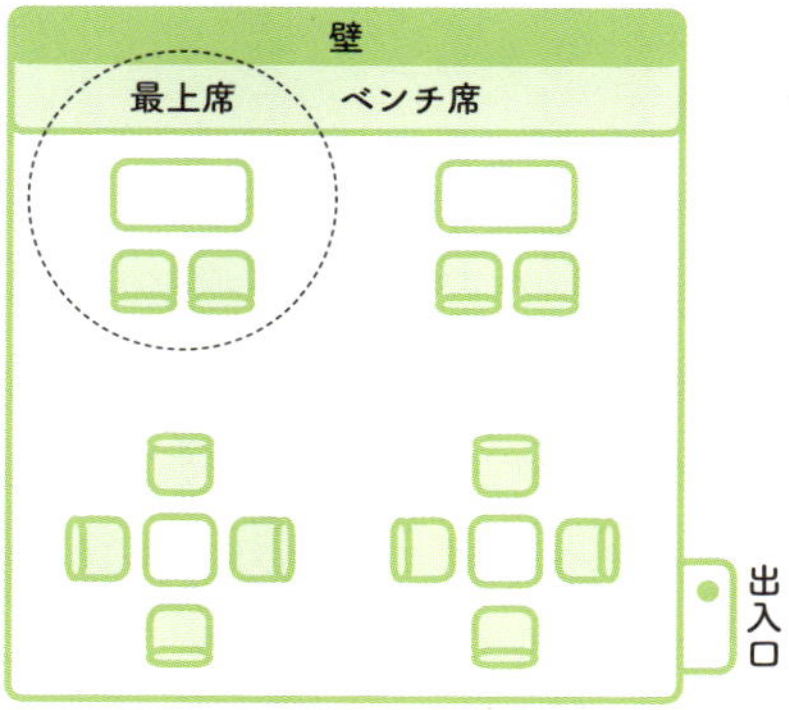

カウンター席

エレベーターなど

意外にも席次があるエレベーター。知っているといざという時に役立ちます。
混んでいる場合は席次の限りではありません。

上座は入口から見て左奥。次がその右、となります。下座は操作ボタンの前です。操作ボタンが左右にある場合は、左の操作ボタンの前が下座となります。

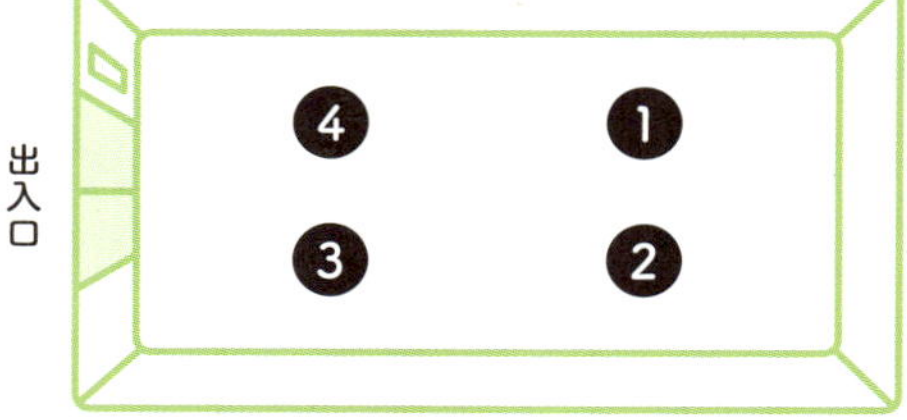

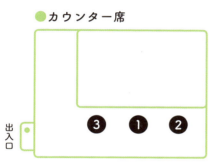

敬語にも現在形と過去形がある

なのになんで言われたあとちょっとさみしいんだろ…
違和感っていうか？
お会計
鈴木さんと佐藤さんはおつりね
はいっ
ありがとうございます
ありがとうございました～
ハッ
そっか
今、やってることなのに
ありがとうございました
もう過去のお礼みたいになっちゃった感じがするからだ
同じ意味の言葉なのに感じ方が違うんだ
今、してもらっていることへのお礼は
ありがとうございます

現在形か、過去形か…語尾も意識して使う

敬語の動詞にも、現在形と過去形があります。それによって敬意の向かう先が変わるので、使い分けたいもの。

感謝の気持ちを伝える動詞**「ありがとう」**の場合、過去の、ある時点の相手の行為に対して、感謝の気持ちを伝えるなら**「ありがとうございました」**と過去形を使います。

○**「あの時は、ありがとうございました」**

感謝する事態が、今起きている場合や、過去から現在まで続いている場合は、**「ありがとうございます」**と現在形を使います。

○**「今日は、ありがとうございます」**

○**「いつも、ありがとうございます」**

ただし、たとえばお店の人がお得意様に言う場合、商品を買ってもらったのが過去のことでも、また買ってくれるかもしれないなら、「いつもありがとうございます」と現

在形になることもあります。

感謝する相手の行為がどの時点にあるのかを考えると、区別しやすくなります。「昨年中は」「先日は」など、過去を表す言葉が付くときは「ありがとうございま**した**」と過去形に、それ以外は現在形を使うようにするといいでしょう。

このほか過去形といえば、レストランなどでよく耳にする

×**「〜でよろしかったでしょうか?」**

という表現。「よろしい」と丁寧な言葉を使っていますが、今目の前にいるお客様に対して話していることなのに、過去の話になっているようで、あまりいい気持ちはしませんね。この場合は

○**「〜ですね」**

で十分。いつのことに対して言うのか、意識して使いましょう。

まとめ

敬意をしっかり伝えるなら現在形、過去形も正確に

お詫びの言葉はくり返さない

いや〜すごい謝ってもらってるのはわかるんですけど
あれだとこっちも困っちゃうね
かえって申し訳ない…
それにああいう時はー？
はいっ
「申し訳ございません」ですよね
接客業
元↓
おっ
謝罪の言葉も同じ言葉を何回も使うと薄れちゃうから気を付けないとね
なるほど
…
私も同じことしてる…
ラフ遅れてしまって
大変申し訳ございません！
申し訳ございませんが
原稿は明日の午前中でも
大丈夫でしょうか？
本当に申し訳ございませんでした！
メール
気を付けなければ…
いやまず原稿を遅れないように…

いろいろな謝り方を覚えて使い分けるのが大人の作法

自分が相手に何か失礼をしてしまったり、迷惑をかけた時、あわててつい、

✕ **「すみません！ 本当にすみません！」**

と連続して言ってしまいますが、これはまず、直したほうがいい謝り方です。「すみません」という言葉は、相手への謝罪、感謝、依頼などを幅広く表すため、便利でつい使ってしまいますが、謝罪としてはごく軽度。しかも、目上の人には使えない言葉ですので、大人の社会においてはあまり使えません。**「すみません」**は

○ **「申し訳ございません」**

に置き換えるようにします。

謝罪には手順と言葉のバリエーションがありますので、活用してしっかりお詫びの気持ちを伝えたいものです。

謝罪の手順は、

まとめ

いざという時のために大人の謝罪を覚えておこう

謝罪→事情説明→解決策→謝罪が基本。「事情説明」「解決策」は、相手にかけた迷惑の大きさを想像しながら話すといいでしょう。

謝罪の言葉のバリエーションには、お詫びの程度によって、次のものがあります。

●お詫びレベル別　謝罪の言葉バリエーション

レベル	言葉
基本	申し訳ございません
かしこまって	お詫び申し上げます、（さらに丁寧に）謹んでお詫び申し上げます
強い反省	深く反省しております 大変申し訳ございません

●これも覚えたい言い回し

「ご迷惑をおかけして申し訳ございません」
「私の不手際でした」
「ごもっともでございます」
「これに懲りずに、またお付き合いいただけますでしょうか」

［コラム④］

大人の女性のたしなみとして、持っていると重宝するアイテム

敬意は、言葉遣いはもちろん、態度や動作でも表現できます。そのために便利なのがこれら8つのアイテム。普段から心がけて、身の回りに置いておきましょう。

［ぽち袋］

割り勘の時などに、誰が提出したかわかりますし、お金をそのまま渡すよりも、気遣いが伝わります。

［クリアファイル］

いただいた資料やチケットなどをむき出しでかばんに入れないようにするため。無機質な物でなく、ちょっと素敵な物を。

［書き味のいいペン］

万年筆に似た書き味の水性ゲルインクなどがメッセージを書く際におすすめです。

［一筆せん、付せん］

訪問先の相手が留守だった場合に、メッセージを残すのに使えます。人にあげられるような物を用意。

携帯クリーナー

スマートフォンの画面が脂や指紋でギトギトになっていたり、カバーが汚いのはＮＧ。人に貸す時も汚れていると恥ずかしいことに。

替えのストッキング

伝線したままでは、相手も気になります。袋から出してポーチなどに入れておけば、かさばらないので常備しておきましょう。

ブックカバー

タイトルが丸見えの状態で電車の中などで読んでいるのはスマートではありません。使うと本が汚れませんし、物を大切にする気持ちにもなれます。

ハンカチ

１枚は持っておきたいもの。２枚持っていれば、人が使う時に貸すことができます。ウェットティッシュでも可。

おわりに

使い慣れることが、上達の早道です

あなたの敬語のレッスンは今日、新しいページを迎えました。これからは、少し気を遣う食事会や目上の方とのおしゃべりを楽しみませんか。敬語は使い慣れることが大事です。

普段の会話で敬語をもっと使えたら、話しかけにくかった目上の人とも自信を持って話せるようになり、苦手だった大人の社交の場面にも参加しやすくなります。

本書を読んで日常の敬語のシーンを知り、あなたの中に今まで以上に積極的な気持ちが生まれたのではと思います。

大人になると敬語が必要な場面が増えてきます。結婚式、お葬式、習い事の

集まり、仕事の場面でもきちんとした受け答えが求められます。そんな時、思いはあっても言葉を知らなければ相手に伝えられません。

敬語をスマートに使えれば、あなたは周囲に信頼されます。「できません」を「申し訳ございませんが、いたしかねます」と答えれば、相手にNOを伝えてもソフトな印象ですし、久しぶりに会った人に「こんにちは」だけでなく「お変わりなくお過ごしでしたか？」と添えられたら、大人のお付き合いのできる人という安心感が与えられます。

そうです。敬語は思いを伝えながら、あなたが周囲から信頼感、安心感を持たれる鍵となるのです。

敬語はあなたと誰かをつなぐ言葉。最初は間違えてもよいので、思い切っていつもより丁寧な言い回しで伝えてみましょう。

２０１５年２月　杉山美奈子

エピローグ
敬語上手は、コミュニケーション上手

なんとなく苦手でぼんやり使っていたけど
敬語っぽく伝わればいいか…
ハハハ
はい 父にも申し伝えます
きちんと受け答えできた時のうれしさよ
私も大人になったわぁ
目上の人
苦手な人
断りたい時
怒った時
お祝いしたい時
そして敬語を上手に使えればコミュニケーション上手にもなれるのだ!
これからも正しく敬語を覚えて使っていきたいです
お読みいただきありがとうございました

森下えみこの
私の敬語正しいと思っていたけれど。日常&マナー編

2015年3月6日　初版第1刷発行

著者　森下えみこ
発行人　三坂泰二
編集長　藤本絵里

発行所　株式会社KADOKAWA
〒102-8177　東京都千代田区富士見2-13-3
0570-002-301（営業）
年末年始を除く平日10：00〜18：00まで

編集　メディアファクトリー
0570-002-001（カスタマーサポートセンター）
年末年始を除く平日10:00〜18:00まで

印刷・製本　図書印刷株式会社

ISBN　978-4-04-067427-8　C0095

Printed in Japan
http://www.kadokawa.co.jp/

Book Design　五味朋代（フレーズ）
編集協力　岩原順子
DTP　佐藤史子

著者
森下えみこ（もりしたえみこ）

第4回コミックエッセイプチ大賞でデビュー。作家、イラストレーターとして活躍しながら、販売員として売り場に立っていたことも。主な著書に『私の敬語正しいと思ってたけれど。』『今日も朝からたまご焼き　お弁当生活はじめました』、『あせるのはやめました 本日も独りでできるもん』(KADOKAWAメディアファクトリー)などがある。

監修者
杉山美奈子（すぎやまみなこ）

コミュニケーション・インストラクター、文筆業と共に長年、大学、短期大学、専門学校で学生にコミュニケーションのとり方を教えたり、セミナーなどを日々、行っている。主な著書に『暮らしの絵本　話し方のマナーとコツ』(学研マーケティング)、『毎日が幸せになる 魔法の「ほめ言葉」』(監修)(集英社インターナショナル)などがある。